Die Magie der Engelszahlen

Die Bedeutung von 11:11 und anderen
Zahlenfolgen, und was dir deine Geistführer
sagen wollen

Layla Moon

Inhaltsverzeichnis

Inhaltsverzeichnis

Deine KOSTENLOSEN Geschenke

Um dir auf deinem spirituellen Weg zu helfen, habe ich 4 GRATIS-Bonus-E-Books erstellt.

Du bekommst sofort Zugang, wenn du dich unten für meinen E-Mail-Newsletter anmeldest.

Zusätzlich zu den 4 kostenlosen Büchern erhältst du wöchentlich Tipps, kostenlose Buchverlosungen, Rabatte und vieles mehr.

Alle diese Geschenke sind 100 % kostenlos und ohne jegliche Bedingungen. Du musst keine persönlichen Daten angeben, außer deiner E-Mail-Adresse.

Um deinen Bonus zu erhalten, klicke hier:

https://dreamlifepress.com/four-free-gifts

Oder scannen Sie diesen QR-Code

Geistführer für Anfänger: Wie du den Ruf des Universums hörst und mit deinem Geistführer und deinen Schutzengeln kommunizierst

Geführt von Moon selbst, inspiriert von ihren eigenen Erfahrungen und dem Wissen, das seit Tausenden von Jahren von Hunderten von Generationen weitergegeben wurde, wirst du alles entdecken, was du wissen musst, um;

- Zu verstehen, was der Ruf des Universums ist

- Wie du ihn hörst und verstehst

- Zu wissen, wer und was deine Geistführer und Schutzengel sind

- Lernen, wie du dich mit deinen Führern verbindest, ein Gespräch beginnst und deinen Führern zuhörst

- Wie du deine Träume mit der Hilfe der kosmischen Quelle manifestieren kannst

- Wie du anfängst, das Leben zu leben, das du leben willst

- Und vieles mehr...

Das Gesetz der Anziehung: Verwirkliche deine Wünsche

Erfahre, wie du die unendliche Kraft des Universums anzapfen und alles manifestieren kannst, was du dir im Leben wünschst.

Enthält:

- Gesetz der Anziehung: Verwirkliche deine Wünsche E-Book

- Gesetz der Anziehung Arbeitsbuch

- Cheat Sheets und Checklisten, um sicherzustellen, dass du auf dem richtigen Weg bist

Hoodoo Buch der Zaubersprüche für Anfänger: Einfache und effektive Wurzelarbeit, Beschwörungs- und Schutzzauber für Heilung und Wohlstand

Nutze die Kraft einer der größten Magien. Hoodoo ist eine mächtige Kraft, die ideal ist, um Negativität in Schach zu halten, Positivität in allen Bereichen deines Lebens zu fördern, den Dingen, die du liebst, Schutz zu bieten und letztendlich die Kontrolle über dein Schicksal zu übernehmen.

In diesem Buch wirst du entdecken:

- Wie du mit Hoodoo in deinem täglichen Leben beginnen kannst
- Wie du mit Beschwörungszaubern das Leben manifestieren kannst, das du leben willst
- Wie du mit Schutzzaubern die härtesten Zeiten überstehen kannst
- Wie man den Kreislauf des Unglücks durchbricht und das Glück im Leben fördert
- Wie man mit Hoodoo Wohlstand und finanzielle Stabilität fördert
- Wie man mit Hoodoo-Magie sowohl kurzfristige als auch langfristige Traumata und Probleme heilen kann
- Wie du Flüche entfernst und Schmerzen, Leiden und Negativität aus deinem Leben verbannst
- Und so viel mehr...

Das Buch der Schatten

Eine druckbare PDF-Datei, die dich bei deiner spirituellen Transformation unterstützt.

In diesem Buch findest du:

- Zaubertrank- und Tinkturenzettel

- Log-Seiten für ätherische Öle

- Kräuter - Log-Seiten

- Eine Checkliste für magische Rituale und spirituelle Körperziele

- Arbeitsblätter zum Tarotlesen

- Wöchentlicher Mond- und Planetenzyklus-Tracker

- Und so viel mehr

Hol dir alle Ressourcen KOSTENLOS, indem du auf den folgenden Link klickst

https://dreamlifepress.com/four-free-gifts

Vorwort

"Alles ist Zahl."

~ Pythagoras

Solange ich denken kann, habe ich mich immer für Zahlen interessiert. Nun... nicht für die komplizierten, die mir schon nach wenigen Augenblicken den Kopf verdrehen, sondern eher für die praktischen Zahlen. Die Zahlen, die mir helfen, herauszufinden, was in und um meine Welt herum geschieht. Selbst als meine Welt in der High School in sich zusammenfiel, verbrachte ich Zeit damit, Sudoku zu lösen, um der Welt zu entkommen. Zugegebenerweise habe ich es damals nicht wirklich verstanden, aber ich liebte das Gefühl, immer komplexere Rätsel zu lösen. Als ich mich mehr und mehr auf meine spirituelle Reise begab und meine Orientierung wuchs, schien es, als ob sich meine Liebe zu Zahlen überall manifestieren würde. An einem trüben Tag waren mein Sohn und ich krank, und ich versuchte alles, um genug Energie aufzubringen, um uns ins Krankenhaus zu bringen. Ich bekam einen zufälligen Anruf von einer Nummer mit der Endung 7777, und es stellte sich heraus, dass es eine meiner Freundinnen war, die sich frei nahm und uns ins Krankenhaus fuhr. Wir wurden in Zimmer Nummer 7 eingeliefert, bekamen die Krankenhausrechnung über 1.776 Dollar und waren um 19.17 Uhr wieder zu Hause. Da ich in einer christlichen Gemeinde aufgewachsen bin, wusste ich, dass die Zahl 7 mit Gott verbunden ist, und da ich sie überall sah, wurde ich neugierig.

Als ich mich einigermaßen erholt hatte, beschloss ich, zu sehen, was ich darüber herausfinden konnte, dass ich eine Zahl so oft am Tag sehe. Stichwort... **Numerologie.**

In ihrem Kern versucht die Numerologie, die tiefere Bedeutung der Zahlen zu verstehen. Die Numerologie besagt, dass Zahlen mehr über uns und unser Leben zu sagen haben, und sie treibt uns an, innezuhalten und auf die Botschaft zu hören, sei sie gut oder schlecht. Als ich mich mit der Bedeutung der Zahl 7 beschäftigte, stellte ich erfreut fest, dass sie mehr als die oberflächliche religiöse Bedeutung hat, mit der ich aufgewachsen war. Die Zahl 7 bedeutet Vollendung, Neubeginn, und sie ist die Zahl der Vollkommenheit. In Anbetracht meines Zustandes zu der Zeit, als sich diese Zahl so offensichtlich in meinem Leben manifestierte, war ich sicher, dass dies eine Botschaft war, die mir Hoffnung geben sollte. *"Layla, du magst krank sein, aber du bist immer noch ganz. Du bist perfekt, und es wird dir immer gut gehen",* hörte ich in meinem

Herzen. Ich hatte etwas verstanden! Aber ich hatte immer noch Fragen, Fragen, die von meinem Glauben an die Manifestation von Energie in unserem Leben hervorgebracht wurden. Warum hatte das Universum beschlossen, so unverblümt zu sein? Was hatte ich bisher übersehen?

Mit dem Tagebuch in der Hand rief ich einen Babysitter an und ging in mein Schlafzimmer/Büro, um mich mit mir selbst auseinanderzusetzen und alles zu klären. Als ich mich durch Kolumnen, Geschichten, Artikel, Videos und Foren gewühlt hatte, wurde mir klar, dass die Numerologie auf meiner Manifestationsreise eine Rolle gespielt hatte, aber ich hatte ihr einfach nicht genug Aufmerksamkeit geschenkt. Durch die Ritzen meines Bewusstseins fielen kleine Stupse des Universums, die mir den Weg zeigten, den ich gehen sollte. Eine Glühbirne leuchtete in meinem Kopf auf. Einen Monat vor dem Krankenhausbesuch hatte ich darüber nachgedacht, meinen Mietvertrag auslaufen zu lassen und an einen Ort zu ziehen, den ich schon lange bewundert hatte. Ich kannte ein paar Leute, die in dem Gebäude wohnten, und als eine Wohnung frei wurde, erhielt ich ein paar Anrufe deswegen. Aber an diesem Tag passierten die seltsamsten Dinge. Ich rief den Makler an, der mir die Wohnungsnummer nannte, und ich schrieb sie mir auf. Als ich jedoch zum Apartment 606 kam, war es noch besetzt. Der Makler nahm meine Anrufe danach nicht mehr entgegen, und als ich am nächsten Tag anrief, war die Wohnung bereits vergeben.

Während ich dies schreibe, wohne ich seit über zwei Jahren in Wohnung 606. Die leere Wohnung war die Wohnung 609, die sich am Ende des Flures befand. Wäre ich an diesem Tag wachsam gewesen, hätte ich die offene Tür und das im Flur aufgestellte Transparent gesehen. Als ich das Notizbuch durchblätterte, das ich nutzte, während ich die Anrufe bezüglich der Wohnung erhalten hatte, sah ich, dass ich sechsmal 609 geschrieben hatte. Auch den Makler hatte ich an diesem Tag sechsmal angerufen, wobei fünf Anrufe unbeantwortet blieben. Dies ist das einzige Ereignis, für das ich Beweise finden konnte, aber mein Gedächtnis hat an diesem Tag noch mehr Fälle hervorgebracht. Bis jetzt habe ich immer, wenn mich etwas quält, einen Hinweis in Form von Zahlen gefunden - kleine Erinnerungen oder Hinweise, die mir zeigen, was ich als Nächstes tun muss. In den meisten Fällen haben die Zahlen dazu beigetragen, meinen Verstand aus den Tiefen der Negativität herauszuholen und mir zu zeigen, dass das Universum immer hinter mir stand und stehen wird.

Wie verlief also mein im Schlafzimmer eingeschlossener Nachmittag? Nachdem ich erkannt hatte, wie viel ich verpasst hatte, begann ich, mehr zu beobachten und mich bewusster in meine Aktivitäten zu vertiefen. Und so wurde mir klar, dass die **Engelszahlen** fast immer und überall zu finden waren.

Im Wesentlichen sind **Engelszahlen** sich wiederholende Zahlenfolgen, die dir einen Einblick in einen Vorfall oder ein

Ereignis in deinem Leben geben. Die von den Engelszahlen übermittelten Botschaften können allgemeine Bedeutungen haben, aber manchmal ist die übermittelte Botschaft so speziell für deine Situation, dass du dir nicht vorstellen kannst, dass die Botschaft für jemand anderen bestimmt ist. Meine Beziehung zu 1111 ist von Dauer und nicht zu ignorieren. An Tagen, an denen alles nach Plan zu laufen scheint, oder an Tagen, an denen mich Veränderungen nicht so sehr beunruhigen, schaue ich auf meine Uhr, wenn es 11:11 Uhr ist. Einmal war ich im Fitnessstudio, und mein Workout fühlte sich besser an als sonst. Ich hatte Spaß daran, meinen Körper bis an seine Grenzen zu treiben, und machte mir keine Gedanken darüber, was ich tun musste oder welche Termine ich einzuhalten hatte. Gerade als ich einen Satz beendete, der mich vor Erschöpfung in die Knie zwang, hob ich mein Handgelenk an mein Gesicht. Das Lächeln, das sich auf meinem Gesicht ausbreitete, war fast beängstigend. Die 11:11 auf der Uhr war für mich absolut großartig. Ich war im Einklang, und das Universum gab mir einen Daumen nach oben. Den Rest des Tages verbrachte ich in einem glücklichen Taumel, und alles fühlte sich wunderbar an.

Auf meinem spirituellen Weg gab es viele Momente wie diesen, und nicht alle davon waren glückliche Momente. Ich fürchte mich davor, einige Zahlen zu sehen, da ich gezwungen bin, mich hinzusetzen und meine Gedanken, Handlungen und Worte zu überdenken. Manchmal möchte ich einfach nur dasitzen und in

Selbstmitleid schwelgen, aber diese negative Schwingung ruft nur nach noch mehr Negativität, um meine Welt zu bombardieren, und ich muss mir die Zeit nehmen, mich und den Raum um mich herum zu reinigen. Seit Jahren erforsche ich die Schönheit der Spiritualität, und ich bin immer wieder erstaunt über die unzähligen Möglichkeiten, mit denen das Universum zu uns spricht. Mein Streifzug durch die Numerologie mag als Neugierde begonnen haben, die gestillt werden wollte, aber jetzt ist es eine Praxis, die vollständig in meine spirituelle Reise eingebettet ist, so sehr, dass ich manchmal nicht sicher sagen kann, welche Praxis dominierender ist. Meine Seele führt mich, und ich verlasse mich mehr und mehr auf das Universum, um meinen Weg durch das Leben zu gehen.

Für mich ist die Numerologie mein Aushängeschild, das ultimative Zeichen der Manifestation. Für einige meiner Freunde ist sie ein Wegweiser durch das Leben, ein Feedback-Tool, das sie darauf aufmerksam macht, wann sie auf dem richtigen Weg sind und wann sie ihren Kurs ändern müssen. Mit diesem Buch möchte ich dir zeigen, wie wichtig die Numerologie für deine spirituelle Reise sein kann und wie sie dir helfen kann, mehr über dich und deine Welt zu erfahren. In diesem Buch werden wir die Geschichte der Numerologie, der pythagoreischen Chiffre und der Engelszahlen erforschen. Indem wir die verschiedenen Bedeutungen der Engelszahlen erforschen, bekommst du einen Einblick, wie du deine

Engelszahlen interpretieren kannst, wirst offener dafür, sie zu sehen, und kannst sie in deine spirituelle Reise einbeziehen, während du das Leben deiner Träume manifestierst.

Begleite mich, Layla Moon, und tauche ein in diese wunderbare Welt, in der sich Zahlen und Spiritualität vereinen, um dich zu deinem größten Selbst zu führen.

KAPITEL EINS

Von Numerologie und Engelszahlen

**"Numerologie ist die Brücke zwischen dem, was du jetzt bist,
und dem, was du potenziell sein kannst."**

~ Anonym

Die Behauptung, eine bestimmte Person habe die Numerologie und/oder die Engelszahlen erfunden, ist so, als würde man einen Namen nennen und sagen, er habe das Wasser erfunden. Es gibt keine "Erfindung", wenn es um Angelegenheiten des Universums geht. Wie viele Geheimnisse des Universums ist auch die Geschichte der Numerologie ebenso faszinierend wie geheimnisumwittert. Nicht, weil sie nicht existiert, sondern weil die Texte, die ihre Ursprünge erklären, den rauen Lauf der Zeit nicht überlebt haben. Die Numerologie existiert je nach Herkunftskultur in verschiedenen Formen. Zu den vier Hauptkategorien gehören die kabbalistische Numerologie, die tamilische Numerologie, die chaldäische Numerologie und die pythagoreische Numerologie. Obwohl Schlüsselfaktoren jede dieser Praktiken einzigartig machen, sind sie dennoch miteinander verbunden, da sie die Macht der Zahlen nutzen, um uns zu helfen, unseren Kurs im Leben zu bestimmen. Keine Praxis ist größer als die andere, und obwohl wir uns auf die Numerologie des Pythagoras konzentrieren werden, werden die anderen drei in keiner Weise benachteiligt. Hier werde ich kurz auf die anderen drei eingehen, bevor wir in unsere Hauptpraxis eintauchen.

Kabbala Numerologie

Die aus der hebräischen Mystik stammende Kabbala-Numerologie konzentriert sich ausdrücklich auf das hebräische Alphabet, das jedoch in der modernen Welt an das römische Alphabet angepasst wurde, um es einigen Anwendern zu erleichtern, ihre Lebensaufgabe zu bestimmen. Bei der Kabbalah-Numerologie liegt der Schwerpunkt auf dem Wissen über Geist und Seele, nicht über unseren physischen Körper oder unsere Existenz. Anhand unseres Geburtsnamens werden uns einstellige Zahlen zugewiesen, die uns Einblick in unsere Ideale, Prioritäten und Motivationen geben. Da alle Dinge als Frequenz oder Energie existieren, stützt sich die Kabbalah Numerologie auf unsere einzigartige Schwingung durch die energetische Bedeutung unserer Namen, um uns zu zeigen, wer wir wirklich sind und welche innere Bestimmung wir haben.

Zu den 22 Schwingungen von 1 bis 400 gehören die Energien, die die Kabbalah Numerologie ausmachen:

- Kether

- Chokhmah

- Binah

- Chesed

- Geburah

- Taphareth

- Netzach

- Hod

- Jaod

- Makuth

Diese Energien überschreiten die physischen Grenzen und Begrenzungen in der Welt und ermöglichen es uns, unsere Persönlichkeiten und Charakterzüge zu verstehen. Um deine Lebenswegnummer in der Kabbalah Numerologie zu bestimmen, musst du jedem Buchstaben deines Vornamens (all deiner Namen) eine Zahl zuordnen. Da jeder Buchstabe einen

bestimmten Wert hat, kommt hier die Anleitung zur
Entschlüsselung:

1 - A J S

2 - B K T

3 - C L U

4 - D M V

5 - E N W

6 - F O X

7 - G P Y

8 - H Q Z

9 - I R

Mit jedem Buchstaben, der durch seine Zahl entschlüsselt wird,
erkennen wir die Wichtigkeit, die Bedeutung und den Wert eines
jeden Buchstabens. Daher sind wir in der Lage, die Bedeutung
zu finden, die in einen Teil unseres Seelengeistes eingebettet ist
- ausgedrückt durch unsere Geburtsnamen.

Wenn du jeden Buchstaben deines Namens entschlüsselt
hast, addiere die Summe der Zahlen, die eine zweistellige
oder in manchen Fällen eine dreistellige Zahl ergibt.

Teile diese Zahl durch 9.

Addiere zu dem Rest 1, was deine Lebenswegnummer ergibt.

Zum Beispiel;

Layla Moon

3+1+7+3+1 4+6+6+5

15 + 21

36

Dividiert durch 9, 36 ergibt 4 Rest 0

Die Lebenswegnummer ist also 0+1 = 1

Nachdem du deine Lebenswegzahl entschlüsselt hast, kannst du sie wie folgt interpretieren, was sie für dich bedeutet;

Die Zahl 1 steht für Wachstum und Fortschritt und umfasst die Bereiche Führung und Entwicklung.

Die Zahl 2 steht für Harmonie und Zusammenarbeit und konzentriert sich auf die Beziehungen, die für deinen Erfolg wichtig sind.

Die Zahl 3 steht für Kreativität und Ausdruckskraft und beinhaltet den Optimismus, der oft mit der Erkenntnis eines grenzenlosen Potenzials einhergeht.

Die Zahl 4 steht für Struktur und Zweckmäßigkeit, eine Darstellung von Beschränkungen und Stagnation.

Die Zahl 5 steht für Freiheit, Schöpfung und Entstehung und verkörpert die wahre Natur des Abenteuergeists.

Die Zahl 6 steht für Vollendung und Erfüllung, für ein freundschaftsorientiertes und fürsorgliches Wesen, das sich um die Pflege kümmert.

Die Zahl 7 steht für spirituelle Mystik, die Magie, Mysterien und spirituelle Erleuchtung umfasst.

Die zyklische karmische Natur der *Zahl 8* steht für Leistung, Erfolg, Impulsivität und Charisma.

Die Zahl 9, der "volle Kreis", steht für Vollendung, Engagement für andere, für Selbstlosigkeit und Gemeinschaftssinn.

Tamilische Numerologie

Die tamilische Numerologie stammt aus Südindien, aus der Region der Tamilen, und konzentriert sich hauptsächlich auf das Geburtsdatum und das Alter, um unser Wesen und unsere Potenziale zu offenbaren. Durch unsere allgemeine und einzigartige Erfahrung offenbart die tamilische Numerologie unsere Schicksalszahl, die wir nutzen können, um unseren Weg zu planen und so zu leben, wie wir wirklich sind. Die tamilische Numerologie führt uns in unsere tiefere Natur und erlaubt uns, unseren Lebenssinn durch unsere psychische Zahl und unsere Schicksalszahl zu erforschen.

Unsere psychische Zahl ergibt sich aus unserem direkten Geburtsdatum; wenn du *zum Beispiel* am 27. Juli 1991 geboren wurdest, ist deine psychische Zahl 2+7 = 9.

Unsere Schicksalszahl wird jedoch aus der Gesamtheit unseres Geburtsdatums gezogen, da dies unser Alter bestimmt. Mit dem vorherigen Datum wäre die Schicksalszahl also 2+7+7+1+9+9+1 = 36, die dann durch Addition auf eine einzige Ziffer reduziert wird: 3+6 = 9.

Jede Zahl trägt ihre eigene, einzigartige Schwingung in sich und führt dich dazu, mehr darüber zu erfahren, wer du bist und was dein Schicksal ist:

Die Zahl 1 verkörpert die Energie derjenigen, die Durchsetzungsvermögen und Engagement verkörpern. Symbolisiert durch die Sonne, sind diejenigen, deren Schicksal durch diese Zahl dargestellt wird, leidenschaftlich stark und können nicht gezwungen werden, etwas zu tun, was sie nicht wollen. Aufgrund ihrer Eigenschaften sind sie unglaubliche

Führungspersönlichkeiten und mehr als bereit, sich einen verschwenderischen Lebensstil zu gönnen.

Die Zahl 2 steht für den Mond, und genau wie die zu- und abnehmenden Zyklen des Mondes sind diejenigen, deren Schicksal von dieser Zahl umfasst wird, anfällig für ständig wechselnde emotionale Zustände. Sie sind jedoch auch intuitive und kreative Menschen, und spirituelle Neigungen können ihnen helfen, emotionale Stärke zu erlangen.

Die Zahl 3 steht für das Schicksal derjenigen, die immer nach Wissen hungern. Symbolisiert durch Jupiter, ist das Schicksal der Zahl 3 im Bereich des Geistes und des Intellektes angesiedelt, wobei diese Menschen versuchen, ihr Selbstwertgefühl vor Erosion zu schützen. Wegen ihrer Liebe zur Tradition sind sie eher in die Klassiker vertieft und haben großen Respekt vor den Älteren.

Die Zahl 4 umfasst Menschen, die bodenständig sind, was viele dazu veranlasst hat, sie mit der Erde in Verbindung zu bringen, obwohl diese Zahl durch Uranus symbolisiert wird. Abenteuerlustig, energiegeladen, pragmatisch und praktisch - diejenigen, deren Schicksal von dieser Zahl umfasst wird, sind voller großartiger Ideen, die sie wunderbar in die Praxis umsetzen können. Sie neigen zu materialistischen Bestrebungen, sind aber oft zuverlässig und vertrauenswürdig.

Die Zahl 5, die durch Merkur symbolisiert wird, steht für das

Schicksal derjenigen, die einen lebhaften Geist haben und die Menschen aufgrund ihrer Fähigkeit, die Stimmung zu heben, anziehen. Sie sind sehr anpassungsfähig und lieben es, sich auf neue Dinge einzulassen, die ihre Fähigkeiten und Fertigkeiten herausfordern.

Die Zahl 6 steht für die Schicksale derjenigen, die sich gerne um ihre Angehörigen kümmern, die fürsorglich und mitfühlend sind. Die Venus symbolisiert diese Menschen, die sich gerne um andere kümmern, obwohl ihre Sentimentalität bedeutet, dass sie manchmal nicht dazu neigen, rational zu sein. Ihr Einfühlungsvermögen und ihr Mitgefühl sind unvergleichlich, und das ist Teil ihres Charmes und ihrer Großartigkeit.

Die Zahl 7 umfasst das Wesen derjenigen, die aufgrund ihrer Introvertiertheit und ihrer Abneigung gegen Gespräche als kalt und zurückgezogen gelten. Symbolisiert durch Neptun, verfolgen diese Menschen das Magische und Mystische und beschäftigen sich intensiv mit dem Spirituellen. Trotz ihrer Unzugänglichkeiten werden sie oft um Rat gefragt.

Die Zahl 8 steht für das Wesen exzentrischer Menschen, die eine individualistische Ader haben, die sie sehr geschickt darin macht, Macht, Reichtum und materiellen Erfolg zu erreichen. Sie werden durch Saturn symbolisiert und haben eine sture Natur, aber ihre angeborenen Führungsqualitäten machen sie zu großartigen Teamleitern und Visionären. Trotz ihrer zielgerichteten Denkweise, ihrer systematischen Art, mit

Situationen umzugehen, und ihrer praktischen Veranlagung haben sie einen phantasievollen Geist.

Die Zahl 9 wird durch Mars symbolisiert und umfasst die Schicksale derjenigen, die einen visuellen Stil bevorzugen und sich nicht scheuen, in die tiefsten und dunkelsten Abgründe der Psyche anderer einzudringen, um die Menschen von innen und außen kennen zu lernen. Ihre spirituelle Natur, ihr Mitgefühl und ihre Sensibilität machen sie zu großartigen Menschen, die man gerne kennenlernt, aber sie können manchmal sehr eigenwillig sein, und ihre Frequenz ist schwer zu übertreffen. Aus diesem Grund ist es für sie meist schwierig, einen Partner zu finden.

Chaldäische Numerologie

Inspiriert von der vedischen Numerologie, basiert die chaldäische Numerologie auf dem Glauben, dass alles eine Schwingung ist und dass wir in die Schwingungen, die ins Universum gesendet werden, investieren müssen. Diese Schwingungen finden sich in Worten, Buchstaben, Zahlen, Ereignissen, Daten usw. Chaotische Schwingungen ziehen mehr chaotische Schwingungen an, während positive Schwingungen mehr positive Schwingungen anziehen. Die chaldäische Numerologie gilt als sehr genau, vor allem, weil sie sich sowohl auf Namen als auch auf Daten konzentriert. Da

Buchstaben eine bestimmte Energie beinhalten, empfiehlt die chaldäische Numerologie, unsere aktuellen Namen zur Berechnung unserer Schicksalszahl zu verwenden, anstatt sich auf unsere Geburtsnamen zu konzentrieren. Die Idee dahinter ist, dass unsere aktuellen Namen unsere gegenwärtigen Schwingungen verkörpern, im Gegensatz zu unseren Geburtsnamen, die unsere vergangenen Schwingungen verkörpern. Indem du deinen Namen geändert hast, hast du deine Energieschwingungen verändert.

Die Zahl 9 gilt in der chaldäischen Numerologie als heilig und ist von der Buchstabenzuordnung ausgenommen. Das bedeutet jedoch nicht, dass sich die Schicksals- und Lebenswegzahlen nicht zu 9 addieren können. Sollte dies der Fall sein, gibt es immer noch die daraus gewonnene Interpretation. Im Folgenden findest du den Buchstabendekoder der chaldäischen Numerologie:

1 - A I J Q Y

2 - B K R

3 - C G L S

4 - D M T

5 - E H N X

6 - U V W

7 - O Z

8 - F P

Um deine Schicksals-/Ausdruckszahl zu berechnen, musst du die Summe deiner vollständigen Namen addieren - insbesondere den Namen, den du verwendest. Zugegeben, ich würde vorschlagen, deine offiziellen Namen anstelle von Spitznamen zu verwenden, da offizielle Namen diejenigen sind, die in wichtigen Dokumenten aufgeführt und bei der Regierung registriert sind.

Mit Layla Moon ist meine Schicksalszahl;

L A Y L A M O O N

$$8 + 23$$

$$31$$

Dies wird dann auf eine einzige Ziffer reduziert: $3 + 1 = 4$

In der chaldäischen Numerologie ist die Schicksalszahl jedoch nicht die einzige Zahl, die aus deinem Namen abgeleitet werden kann. Du erhältst deine Traum-/Persönlichkeitszahl, wenn du nur den Wert der Konsonanten addierst. Wenn du die Vokale in deinem Namen addierst, erhältst du deine Seelentrieb-/Herzenswunsch-Zahl. Wenn du dir die Zeit nimmst, über diese Bedeutungen nachzudenken, bekommst du ein besseres Verständnis für deine Schwingungen, sowohl die guten als auch die schlechten. Auf diese Weise kannst du alle widersprüchlichen oder sich ergänzenden Energien entdecken und daran arbeiten, ein Zentrum zu finden oder deine Energie entsprechend zu verstärken.

Um deine Lebenswegzahl zu berechnen, musst du dein Geburtsdatum und deinen Geburtsmonat addieren. Zum Beispiel wird der 27. Juli wie folgt berechnet: 2 + 7 + 7 = 16, was wiederum 1 + 6 = 7 ist

Die Lebenswegzahl ist also 7.

Die Interpretation der Botschaften deiner Zahlen ist etwas Persönliches, und du solltest dir die Zeit nehmen, die empfangene Botschaft zu verstehen. Wenn du dich mit deinen Zahlen und dem, was sie dir mitteilen, wohler fühlst, kannst du die Unterzahlen nutzen, um ein besseres Verständnis zu erlangen und mehr in Einklang mit deiner Schwingung, deiner Bestimmung und deinem Schicksal zu kommen.

Nummer 1 umfasst die geborenen Führungspersönlichkeiten, die Verantwortung übernehmen und in der Lage sind, Projekte relativ leicht umzusetzen. Allerdings können sie aufgrund ihrer Selbstbezogenheit Ego-Probleme haben, was die häufigste Eigenschaft ist.

Die Zahl 2 steht für den kreativen Geist, denn diese Menschen sind in der Regel sehr kreativ. Sie sind auch sensibel und mitfühlend, was sie zu großen Friedensstiftern macht, obwohl sie zu Melancholie neigen. Sie können sich auch als schwach empfinden, was aber nicht unbedingt der Wahrheit entspricht.

Die Zahl 3 umfasst die himmlische Triade - 3, 6 und 9. Dies ist die Zahl des Wachstums und der Expansion, und Menschen, deren Schicksal in dieser Zahl liegt, sind dafür bekannt, dass sie großzügig und wachstumsorientiert sind. Ihre Gewinnermentalität lässt sie in den Dingen, die sie am besten können, zu einer Ein-Mann-Armee werden. Ihre Großzügigkeit kann sich jedoch auch als negativ erweisen, da sie leicht auf Manipulationen hereinfallen können.

Nummer 4 umfasst die Eigenschaften derjenigen, die methodisch vorgehen, sich an Situationen anpassen können und ihr Ziel entschlossen verfolgen. Sie neigen dazu, über den Tellerrand hinauszuschauen, und ihr Engagement für ihre Ideen kann dazu führen, dass sie rebellieren. Sie lieben es, einzigartig zu sein, aber sie können manchmal von Minderwertigkeitsgefühlen und Angst geplagt sein.

Die Zahl 5 steht für die Schicksale von Freigeistern, die das Abenteuer schätzen. Sie sind gesellige Menschen, denen es leichtfällt, mit anderen in Beziehung zu treten. Sie arbeiten akribisch und neigen zum Perfektionismus, aber man kann ihnen ihre Liebe zum Detail nicht vorwerfen. Allerdings neigen sie dazu, sich leicht zu ärgern, was sie manchmal wankelmütig erscheinen lassen kann.

Die Zahl 6 steht für die Schicksale derjenigen, die sehr zuverlässig sind und die Stabilität des Lebens schätzen. Sie sind warmherzig und fürsorglich und gelten als vertrauenswürdig. Allerdings ist es für sie leicht, sich zu ihrem eigenen Nachteil mehr um andere zu kümmern, was nicht gut für ihr Wohlbefinden ist.

Zahl 7 umfasst diejenigen, die dazu neigen, in ihren Gedanken zu leben, da sie nach Wissen streben und sich wohl fühlen, wenn sie tiefer in den Kern der Dinge vordringen. Sie können ruhig und introspektiv sein, was manchmal als Unnahbarkeit rüberkommt.

Die Zahl 8 steht für praktisch veranlagte Menschen, die sich von ihren Zielen leiten lassen und immer darauf hinarbeiten, das zu erreichen, was sie sich vorgenommen haben. Sie sind großartige Führungspersönlichkeiten, da sie andere motivieren können, ein gemeinsames Ziel zu erreichen. Ihr Engagement und ihre Arbeitseinstellung können sie jedoch zu chronischen Workaholics machen, die andere Aspekte ihres Lebens vernachlässigen.

Die Zahl 9 ist in der chaldäischen Numerologie heilig und gilt als der Schatten der Zahl 0. Während die 0 für nichts steht, repräsentiert die 9 alles und ist somit die Zahl der

Vollkommenheit. Sie steht für das Schicksal von Menschen, die aufrichtig sind und sich nicht scheuen, der Welt genau das zu zeigen, was sie sind. Diese Menschen sind mitfühlend, großzügig und ehrenhaft. Allerdings können sie sich schnell zu sehr an andere binden.

Numerologie des Pythagoras

Die Grundlage der modernen Numerologie, die pythagoreische Numerologie, ist der Höhepunkt der Lehren des Pythagoras von Samos über die Verbindung zwischen Zahlen und dem Universum. Der berühmte Mathematiker, Philosoph und Metaphysiker aus dem sechsten Jahrhundert glaubte an die Mystik der Zahlen und daran, dass sich das gesamte Universum auf einen Zahlenwert reduzieren lässt. Die Zahlen, so lehrte Pythagoras, verbinden uns auf irgendeine Weise mit einer höheren Macht. Diese Behauptungen entstanden, nachdem er entdeckt hatte, dass die Addition einer Reihe von ungeraden Zahlen immer eine Quadratzahl ergab. Die Bedeutung, die Pythagoras den Zahlen beimaß, zeigt sich in den mathematischen Beiträgen, die er leistete und die auch heute noch verwendet werden - wie die Fibonacci-Folge und der Satz des Pythagoras. Allerdings galten die Lehren des Pythagoras und seine Schule zu seiner Zeit als Kult und Indoktrination, und seine Lehren und Schriften gingen durch den Zahn der Zeit weitgehend verloren.

In den 1800er Jahren nahm L. Dow Balliett (Sarah Joanna Balliett) jedoch die Lehren der Numerologie des Pythagoras auf und schuf eine Reihe von Büchern und Materialien, die die Schwingungen, die Musik und die Farben der Zahlen hervorheben. Balliett erklärte, wie Zahlen die Schwingungen der eigenen Seele hervorheben; berechnet durch die Namen, die bei der Geburt vergeben werden und die sich im Laufe des Lebens ändern, sowie durch das Geburtsdatum. Die beiden Schwingungen, so erklärt sie, sind eine Blaupause dafür, wie wir leben müssen, um den wahren Zweck unseres Lebens zu erreichen. Unsere Seelenschwingungen sind eine Botschaft des Universums, die sich in Farben, Musik und Schwingungen ausdrückt. Mit jeder Zahl, die ihre Schwingung und Farbe enthält, sind wir auf diese Welt gekommen, um Harmonie in der Dreifaltigkeit von Geist, Körper und Seele zu erreichen. Unser Geist und unser Körper werden von unserer Seele geleitet, und wir können die Schwingung unserer Seele nicht erzwingen oder versuchen, sie so zu verändern, dass sie zu dem passt, was wir wollen. Balliett warnt, dass dies zu einem Leben des Mangels führen wird. Wenn unsere Seele ihr Ziel in einem Leben nicht erreicht, wird sie im nächsten Leben in einer niedrigeren Schwingung erscheinen und immer danach streben, zu den höheren Schwingungen aufzusteigen, die den Zahlen 8, 9, 11 und 22 zugeordnet sind. Balliett behauptete, dass die Schwingung unserer Namenszahl entweder mit der Schwingung unseres Geburtsdatums übereinstimmen oder höher sein sollte als diese. Eine niedrigere Schwingung, so erklärte sie, ist ein Zeichen für eine Seele, die nicht mit dem Universum in Einklang steht, und das bedeutet, dass wir noch daran arbeiten müssen, unsere Schwingung mit unserem Schicksal in Einklang zu bringen.

Ballietts Lehren waren ein großer Beitrag zur Numerologie, und ich hatte das Vergnügen, einige der Texte zu genießen. Zugegeben, die Texte sind ein wenig technisch, aber beim wiederholten Lesen erhalte ich jedes Mal einen Einblick in neue Aspekte der Numerologie. Nach Balliett ist der andere bemerkenswerte Name in der Geschichte der modernen Numerologie Doreen Virtue.

Virtues tiefes Eintauchen in die Numerologie führte zu der wunderschönen Welt der Engelszahlen.

Engelszahlen

Wenn du Doreen Virtue nachschlägst, wirst du feststellen, dass sie ihre "New-Age-Ära" verleugnet hat und jetzt eine überzeugte Christin ist. Sie bezeichnet ihre Engelskarten als Botschaften von Dämonen und nicht von Engeln und fordert uns auf, unseren New-Age-Glauben aufzugeben und uns auf die Lehren der Bibel zu verlassen. Auch wenn ich nicht mit ihr

31

übereinstimme, was die Botschaften von Dämonen angeht, respektiere ich ihre Fähigkeit, sich mit Eifer und Elan in ihre Religion zu stürzen, unbeeindruckt von den negativen Botschaften, mit denen sie wegen ihres Wechsels bombardiert wurde. Als überzeugte Anhängerin der Manifestation benutze ich immer noch Virtues Engelskarten, um meine Manifestationsreise zu unterstützen, da sie mir in Zeiten der Verwirrung und Unentschlossenheit ausgezeichnete Ratgeber waren.

In Virtues Lehren werden **Engelszahlen** hervorgehoben, Zahlenfolgen, die häufig oder gelegentlich erscheinen. Diese Zahlen, erklärt Virtue, müssen ernst genommen werden, wenn du sie bemerkst. Sie enthalten eine spezifische Botschaft, die das Universum dir zu übermitteln versucht; eine Botschaft, die entweder deine Frage bestätigt oder dich vor deinen Entscheidungen warnt. Die Botschaften, die in diesen Zahlen eingebettet sind, haben allgemeine Bedeutungen, aber wenn du deine Zahl(en) besser kennenlernst, wirst du anfangen, die tieferen Bedeutungen zu erfassen, die nur du interpretieren und annehmen kannst. Auf TikTok hat man die Explosion der Videos über Engelszahlen gesehen, aber kurze Videos sind nicht geeignet, dir zu zeigen, wie magisch diese Zahlen sind und wie sie dich auf einen Weg bringen können, dein größtes Selbst zu verwirklichen.

Dieses Buch soll dir dies zeigen, und ab dem nächsten Kapitel werden wir die Feinheiten der Engelszahlen erforschen und wie du sie nutzen kannst, um das Leben deiner Wünsche zu erschaffen.

Zusammenfassung

In diesem Kapitel haben wir uns damit beschäftigt:

- Die vier Hauptschulen der Numerologie

- Entschlüsselung mit Hilfe von Kabbala, Tamil und chaldäischer Numerologie

- Schlüsselfiguren in der Geschichte der modernen Numerologie und der Engelszahlen

KAPITEL ZWEI

Engelszahlen

"Ich hätte es nicht so weit geschafft, wenn es nicht Engel auf
meinem Weg gegeben hätte."

~ Della Reese

Wir kommunizieren ständig mit dem Universum, bewusst oder
unbewusst. Viele von uns sind sich dessen nicht bewusst, was
das für unvorhergesehene Folgen für unsere Lebenswirklichkeit
hat. Als ich aufwuchs, wurde mir immer beigebracht, darauf zu
achten, wie ich mit anderen, insbesondere mit Älteren, sprach
und mich ihnen gegenüber verhielt. Ich sollte jeden mit Respekt
ansprechen, alles befolgen, was mir von den Älteren - Lehrern,
Eltern, Onkeln, Tanten, Großeltern, Nachbarn, du weißt schon
- gesagt wurde, und dafür sorgen, dass ich mich für jeden Fehler
oder Schaden, den ich anderen zufügte, entschuldigte, ganz
gleich, wer sie waren. Weil ich manchmal für mein "schlechtes"
Verhalten, ob real oder eingebildet, eine Ohrfeige bekam, lebte
ich in Angst, etwas falsch zu machen. Es war besser, kein Risiko
einzugehen und den Status quo aufrechtzuerhalten. "Es könnte

schlimmer sein", sagte ich mir jedes Mal, wenn ich beschloss, kein Risiko einzugehen. Als mein erster Freund mich schlug, dachte ich nur: "Es könnte schlimmer sein." Und wenn ich zurückdenke, wurde es definitiv immer schlimmer. Ich hatte ständig mit etwas Negativem zu tun, und es schien, als würde das Universum immer neue und bessere Wege finden, um mich in der Elendsschleife zu halten.

Damals wusste ich nicht, dass mein "Es könnte schlimmer sein" eine Botschaft war, die ich ständig an das Universum sandte, und ich bekam genau das, was ich wollte - schlimmer. Ich steckte in einer von mir selbst geschaffenen Schleife fest, übernahm aber nicht die Verantwortung dafür. Es war eine wechselseitige Kommunikation zwischen mir und dem Universum, und ich war mir dessen nicht bewusst. Ein Großteil unserer Aufmerksamkeit gilt normalerweise unserer Kommunikation und unseren Beziehungen zu anderen Menschen, so dass wir keine Zeit haben, über unsere Kommunikation mit dem Universum nachzudenken oder sie zu erforschen. Durch unsere Gedanken, Handlungen und Worte senden wir ständig Botschaften an das Universum aus. Und das Universum antwortet IMMER. **Engelszahlen** sind nur die Werbebanner des Universums. Die unbestreitbaren Botschaften, die uns geschickt werden, um uns durchs Leben zu führen. Wie Doreen Virtue sagte, musst du auf den Satz oder die Reihe von Zahlen achten, die dir besonders auffallen. Die 22,20 Dollar auf deiner Quittung, die 111 auf dem

Nummernschild eines Autos, die 22:22 Uhr auf deiner Uhr usw., sie alle sind wichtig. Und wenn eine Zahl immer wieder auftaucht, musst du dir Zeit nehmen und herausfinden, was dir dein Engel mitteilen will. Wenn du eine Botschaft bereits gedeutet hast und die Zahl immer noch auftaucht, musst du sie neu bewerten und einschätzen. Finde heraus, was du nicht verstanden hast, und korrigiere deinen Kurs.

Wir leben in unerforschten Gewässern und müssen unseren Weg Schritt für Schritt finden. Das Universum ist immer bereit, uns zu helfen und uns zu dem zu führen, was wir suchen; das Mindeste, was wir tun können, ist zuzuhören. Die Engelszahlen sind die Wegweiser auf der ansonsten leeren Landkarte, die Zeichen, die uns bestätigen, dass wir auf dem richtigen Weg sind oder vom Kurs abgekommen sind.

Warum sehen wir sie?

Die kurze Antwort? Weil wir die Führung der Engel brauchen. Engelszahlen sind die Kommunikationsmittel, die das Universum einsetzt, wenn wir die subtilen Botschaften, die wir erhalten haben, nicht bemerken. Das Universum ist es leid, ohne unser Verständnis zu sprechen, und beschließt, uns die Antworten, die wir brauchen, auf den Kopf zu hauen, natürlich im übertragenen Sinne. Warst du schon einmal so frustriert, weil du keine Antworten auf dein Problem gefunden hast, dass du einfach deinem Bauchgefühl gefolgt bist, und es hat sich wunderbar entwickelt? Ich schon, ein paar Mal. Das ist ein unvergleichliches Gefühl, ein Fest der eigenen Fähigkeiten. Meistens denken wir jedoch, dass es sich um einen Glücksfall handelt. Eine einmalige Situation, in der wir Glück hatten. Aber... das ist es nicht.

Wenn unsere Engelszahlen für uns sichtbar werden, ist es die Entscheidung des Universums, uns klar zu machen, was wir tun müssen. Dieselbe Zahl kann in verschiedenen Situationen auftauchen, um uns den richtigen Weg zu zeigen. Im Laufe meiner Zeit als Numerologie-Enthusiast und gläubiger Mensch habe ich ein Muster gefunden, wann die Zahlen in meiner physischen Welt auftauchen. Du hast vielleicht mehr Erfahrung, und das ist wunderbar. Die Tatsache, dass du deine Engelszahlen bemerkt hast, bedeutet, dass du mit der Kommunikation des Universums in Einklang stehst.

- **Wenn ich eine tolle Zeit habe.** Ich scheine immer dann einen Anstoß vom Universum zu bekommen, wenn ich gerade die beste Zeit meines Lebens habe. Mein Leben ist im Allgemeinen großartig, aber es ist voller Alltäglichkeiten. Der Alltag hinterlässt bei mir manchmal ein ziemlich müdes Gefühl, so dass es immer willkommen ist, wenn ich anfange, Spaß an etwas zu haben. Und irgendwie ist das immer, wenn 11:11 auftaucht. Nicht 111, sondern 11:11 Uhr. Ich erinnere mich an einen Morgen, an dem ich aufwachte und mich groggy und irgendwie nicht in meinem Element fühlte. Ich hatte verschlafen und versuchte verzweifelt, den Rückstand aufzuholen. Ich legte Musik auf und setzte mich an meinen Schreibtisch, bereit, die E-Mails zu bearbeiten, die sich aufgestaut hatten. Ich weiß nicht, wie es passiert ist, aber nach ein paar Minuten sang ich lauthals mit, lächelte und tanzte auf meinem Platz. Als ich auf die Ecke meines Bildschirms schaute, war es 11:11 Uhr. Ich legte meinen Computer zur Seite, drehte die Lautstärke auf und tanzte, bis ich keuchte. Obwohl sich die Arbeit am Morgen angestaut hatte, konnte ich den Rückstand aufholen und meinen Computer früher als erwartet ausschalten. Ich war an diesem Tag so untypisch produktiv, ohne die übliche Erschöpfung.

Das ist mir abends beim Ausgehen, im Fitnessstudio und einmal bei einer besonders anspruchsvollen Wanderung passiert. Für mich bedeutet 11:11 das Universum sagt mir, dass ich "weitermachen soll". Es ist mein Zeichen, Gas zu geben, tiefer zu graben und weiter zu kämpfen.

- **Wenn ich scheinbar nicht weiterkomme.** Ich liebe es, mich neuen Herausforderungen zu stellen, und ich glaube, das ist der Grund, warum mein spirituelles Leben so vielfältig ist, wie es ist. Ich lasse mich auf die Schwingungen des Universums ein und folge den

Bedürfnissen meiner Seele. Dies hat mich jedoch bei vielen Gelegenheiten in trübe, unbekannte Gewässer geführt, in denen ich mich scheinbar nicht zurechtfand. Während Frustration und Verwirrung mich zu verschlingen drohten, tauchte bei mehr als einer Gelegenheit immer wieder die Zahl 7 in irgendeiner Form auf. Ich liebe es, nach mehreren 7en zu suchen, da sie mir selten vorkommen, aber hin und wieder ertappe ich mich dabei, wie ich auf eine Form der 7 starre, wenn ich nicht gerade auf der Suche bin. Die 7 ist schon seit einiger Zeit meine Lieblingszahl, die mir ein Lächeln ins Gesicht zaubert und mich daran erinnert, warum ich angefangen habe.

- **Wenn das Leben eine unerwartete Wendung nimmt.** Ich bin ein Kontrollfreak. Ich liebe es, wenn sich die Dinge so entwickeln, wie ich es erwarte, wie ich es in meinem Kopf oder meinem Terminkalender geplant habe. Trotz jahrelanger Erfahrung mit dem "Planungsirrtum" kann ich nicht aufhören, mir bestimmte Zeiten für die Erledigung verschiedener Ziele zu setzen. Ich dränge und dränge, um die Aufgaben innerhalb der geplanten Zeit zu erledigen, wobei ich in der Regel vergesse, meine Anfälligkeit für Ablenkungen und meine Tendenz, nach ein paar mickrigen Stunden geistig zu ermüden, zu berücksichtigen. Dabei ist meine Langeweile noch gar nicht mitgerechnet. Wenn also etwas passiert und mein Leben aus dem Gleichgewicht bringt, raste ich aus. Ich verliere mich in Gedanken der Hoffnungslosigkeit, bevor ich mich daran erinnere, dass das Leben funktioniert, wie es sollte. Meine Energie läuft aus dem Ruder, bevor ich mich wieder fangen und meine neue Realität akzeptieren kann. Als ich für den Kauf eines neuen Autos sparte, hatte ich gerade die 90 %-Marke überschritten, als die Bank meine Hypothekenzinsen änderte. Ich war außer mir vor Wut; es stellte sich heraus, dass sie die Bescheide an die falsche Adresse geschickt hatten. Ich erfuhr von den Änderungen nur, weil das System meine Adresse endlich korrekt aktualisiert hatte (diese Erklärung glaubte ich nicht!). Ich musste meine Ersparnisse für das Auto verwenden, um die Wohnung zu bezahlen, da ich mein Budget an die neuen Änderungen anpassen musste. Als ich die neue Zahlung erhielt, waren es 1811,81 Dollar. Ich war fassungslos.

Trotz dieser frustrierenden Erfahrung war ich mehr als glücklich, diesen Betrag zu zahlen. Das bedeutete, dass ich jeden Monat eine Rechnung erhielt, die die Botschaft des Universums widerspiegelte, die mich dazu aufforderte, das Leben mit einer positiven Einstellung anzugehen, während sich Veränderungen und neue Dinge in meinem Leben entfalteten.

Wir sehen Engelszahlen, weil unsere Seelen Antworten vom

Universum suchen. Weil du endlich im Einklang mit dem Universum bist, kannst du die Zahl und die beabsichtigte Führung sehen. Diese Kommunikation dauert so lange an, wie du deine Verbindung zum Universum aufrechterhältst und der Führung des Universums vertraust, dass sie dir zeigt, wohin du gehen musst. Der nächste Schritt, den du unternimmst, ist entweder geheimnisvoll oder klar, je nach deinem Vertrauen in die Führung des Universums.

Ich muss jedoch erwähnen, dass die Zahlen nicht das Ende der Geschichte sind. Du musst dich entscheiden, ob du die Botschaft annimmst und sie wie beabsichtigt verwendest. Wir sind dafür bekannt, dass wir unser Bauchgefühl ignorieren, und es ist nicht abwegig, dass wir die Botschaft des Engels nicht annehmen.

Arten von Engelszahlen

Engelszahlen bauen sich von einstelligen zu mehrstelligen Sequenzen auf, deren Bedeutung durch die Wiederholung derselben Zahl noch verstärkt wird. Dies ist wie ein Megaphon, das deine Aufmerksamkeit erregt, egal was passiert. Einstellige Engelszahlen bieten uns einen Einblick in die Botschaften, die wir erhalten. Selbst innerhalb von Sequenzen summt jede Ziffer ihre eigene Schwingung und verleiht der Botschaft ihre einzigartige Energie, damit du verstehst, was vor sich geht. Die

Zahl 9 hat eine höhere Schwingung als die Zahl 1, aber das bedeutet nicht, dass sie in irgendeiner Weise wichtiger ist. Die Zahlen fügen sich zu einer perfekten Sequenz zusammen, um deine Botschaft darzustellen, und du kannst keine Zahl innerhalb dieser Sequenz ignorieren.

Einzelne Ziffern

Einstellige Engelszahlen bieten uns einen Einblick in das, was wir im Grunde sind, da sie sowohl in Schicksals- als auch in Lebenswegzahlen zum Ausdruck kommen. Da sie die Grundlage bilden, auf der die Sequenzen aufgebaut sind, können wir immer die Bedeutung neuer Sequenzen finden, die in unserem Leben auftauchen, wenn wir mit der Schwingung der einstelligen Zahlen in Einklang sind. Sie kommen zusammen, um uns zu zeigen, was uns unsere geistigen Führer wissen lassen wollen. Diese einzelnen Ziffern zu verstehen, ohne sich auf Texte zu beziehen, ist eine wunderbare Fähigkeit, die du zu deiner Sammlung hinzufügen kannst.

Zweistellige Sequenzen

Zweistellige Engelszahlen sind hochintensive Botschaften, die das Universum braucht, um uns zu erfassen. Jede Ziffer verleiht der Botschaft eine eigene Schwingung und verstärkt sie. Während einstellige Zahlen aufzeigen, woran wir arbeiten müssen, konzentrieren sie sich meist auf die einfachen Dinge in unserem Leben, die nur einen winzigen Anstoß brauchen, um uns auf den richtigen Weg zu bringen. Bei zweistelligen Zahlen hingegen bestimmt das Universum, dass wir an einem größeren Teil unseres Lebens arbeiten müssen, der einen größeren Einfluss auf uns selbst, unsere Situation oder unsere Träume hat. Die Schwingungen der Zahlen verbinden und ergänzen sich auf eine unbestreitbar kraftvolle Weise.

Zweistellige Zahlen sind jedoch oft schwer zu erkennen. Da sie überall vorkommen, achten wir selten auf sie, es sei denn, es handelt sich um eine sich wiederholende Zahl. Zum Beispiel nehmen wir 77 viel eher zur Kenntnis als 21 oder 85. Wenn es sich um eine sich wiederholende zweistellige Zahl handelt, verstärkt das Universum die Schwingung der einzelnen Zahl, so dass sie leichter zu erkennen ist. Es ist auch nicht ungewöhnlich, eine einstellige Engelszahl mehrmals zu sehen, aber wenn wir sie zu lange ignorieren, hält es das Universum für notwendig, sie zu verstärken, damit wir sie leichter ernst nehmen können. Die sich nicht wiederholenden zweistelligen Sequenzen kommen zwar auch häufig vor, aber wir bemerken sie nicht, wenn unsere Schwingung nicht synchron ist. Aus diesem Grund wird die sich nicht wiederholende zweistellige Sequenz weiter verstärkt, wodurch die vierstelligen Sequenzen entstehen, die wir eher wahrnehmen, wenn sie ein paar Mal auftreten. Zweistellige Sequenzen geben uns eine Orientierung für die komplexeren Dinge, die wir erleben. Die Antworten, die uns die zweistelligen Zahlen geben, tauchen auf, wenn unsere Probleme komplexer werden oder wenn die Veränderungen, die wir erleben, einen größeren Einfluss auf unser Leben haben.

Die Zahl 2 steht zum Beispiel für Kooperation und Harmonie, und das kann die Botschaft sein, die das Universum an dich weitergibt, wenn es dir schwerfällt, alles zu bewältigen, was auf deinem Teller liegt. Wenn du dich entscheidest, um Hilfe zu bitten, kann das eine leichtere Zeit für dich bedeuten. Wenn du diese Botschaft jedoch nicht wahrnimmst und die Dinge noch hektischer werden, wirst du vielleicht die Zahl 22 sehen, eine Meisterzahl, die dich auffordert, deinen kreativen Geist einzusetzen, um mit deiner Situation umzugehen und ein Gleichgewicht zu finden.

Das Universum wird weiter um unsere Aufmerksamkeit werben, wenn wir die ersten Botschaften nicht wahrnehmen, aber das erlaubt uns nicht, nachzulassen. Vielmehr sollte es uns ermutigen, unsere Schwingung mit unseren Engeln im Einklang zu halten, so dass wir nicht zu viele Erinnerungen brauchen. Dies wird eine reibungslose und einfache Kommunikation zwischen uns und dem Universum schaffen, und unsere Wege werden weniger holprig sein.

Dreistellige Sequenzen

In diesen Sequenzen verleihen drei Ziffern der Sequenz ihre Kraft, um uns eine Botschaft zu übermitteln. Dreistellige Zahlenfolgen sind besonders kraftvoll, weil sie uns direkt mit dem Universum verbinden. Sie sind eine direkte Verbindung zum Kosmos und bieten kraftvolle Botschaften, die unser Leben stark beeinflussen. Aufgrund ihrer Schwingungskraft sind dreistellige Sequenzen leicht zu erkennen und treten häufiger auf. Wenn Engel durch dreistellige Sequenzen kommunizieren, musst du aufmerksam sein. Nimm dir die Zeit, die Botschaft zu verstehen, und du wirst Zeuge der immensen Kraft, die in den Zahlen und Botschaften gleichermaßen steckt.

Vierfache Ziffernfolgen

Vierstellige Zahlenfolgen sind länger, und das Erkennen von Mustern ist normalerweise sehr einfach. Sie sind eine Kombination aus zweistelligen Sequenzen, wobei die Kraft dieser Zahlen verstärkt wird, um dir die Botschaft zu senden, die in deinem Leben immense Ergebnisse hervorbringen wird. Meine Lieblingszahl ist 11:11, aber ich habe auch andere Zahlen gesehen, vor allem 12:34 und 18:18. Ich benutze das 24-Stunden-Uhrensystem, und ich glaube, dass mein Schutzengel deshalb gerne durch meine Uhren kommuniziert. Ich habe eine Armbanduhr, ein paar Wand- und Tischuhren, und auch der Zähler an meinem Springseil hat schon einige Überraschungen gebracht.

Vierstellige Sequenzen sind eine direkte Kommunikation von den Engeln, die lebensverändernde Momente schaffen, wenn du sie mit größerer Klarheit erkennst. Viele Menschen sehen vierstellige Sequenzen nicht. Wenn du also mit deinen Sequenzen im Einklang bist, solltest du dem Universum für die

klare Botschaft und die Unterstützung danken, die du erhältst.
Das Deuten von vierstelligen Sequenzen kann etwas Zeit in
Anspruch nehmen, und du musst lernen, diese Zeit zum
Meditieren und zur Selbstbeobachtung zu nutzen, damit du die
richtige Botschaft erhalten kannst. Wenn du glaubst, die richtige
Botschaft erhalten zu haben, aber die Sequenz immer wieder
auftaucht, überprüfe deine Entscheidungen. Arbeite an deiner
Seelenschwingung; auf diese Weise wirst du mehr im Einklang
mit dem Universum sein, wenn du an der Entschlüsselung der
Botschaft arbeitest.

Die mehrfachen Zahlenfolgen mögen anfangs verwirrend
erscheinen, aber wenn du dich daran gewöhnst, mit dem
Universum zu kommunizieren und die Botschaften, die du von
deinem Schutzengel erhältst, zu entschlüsseln, wirst du dich mit
dem Entschlüsselungsprozess immer wohler fühlen. Ich mache
das schon seit Jahren, aber es gibt immer noch Zeiten, in denen
ich Schwierigkeiten habe, die richtige Botschaft zu finden, die
ich erhalten habe. Manchmal mache ich Fehler, und das führt
zu einem kleinen Chaos, bevor ich meine Fehler berichtigen
kann. Davon solltest du dich aber nicht abschrecken lassen,
denn deine Engelszahlen werden dir immer noch die Führung
geben, die du brauchst, wenn das passiert. Eine Sache, die du
beachten solltest, ist jedoch, dass die Reihenfolge wichtig ist.

Die Bedeutung der Anordnung der Sequenzen

So wie die Zahlen in der Sequenz jeweils ihre eigene Schwingung und innewohnende Botschaft haben, ist auch die Art und Weise, wie die Zahlen erscheinen, ein wichtiger Faktor, der bei der Entschlüsselung zu berücksichtigen ist. Die Zahl 1, die den Neubeginn symbolisiert, hat eine hohe Schwingung, aber die Zahl 9, die die Vollkommenheit symbolisiert, hat eine noch höhere Schwingung. Die Schwingung steigt von der Zahl 1 bis zur Zahl 9 an, und wenn diese Zahlen zusammenkommen, teilen sie ihre Kraft und verleihen der Botschaft die Schwingung, die sie braucht, um sich dir zu zeigen. Die Botschaft ändert sich jedoch leicht, je nachdem, wie die Zahlen erscheinen. Betrachten wir die Zahl 1234.

Wenn du auf deine Uhr schaust und 12:34 siehst, ist die Botschaft ziemlich klar. Die 1 steht für einen Neuanfang, die 2 für Zusammenarbeit und Harmonie, die 3 für eine gute Nachricht und die 4 für Reife. Die 1234 ermutigt dich also generell, weiter an deinen Zielen zu arbeiten, und du wirst deine Erfüllung finden. Die Zahl fordert dich auf, den Kurs zu halten, da die Reife deiner Handlungen unvermeidlich ist. 4321 ermutigt dich jedoch, die Perspektive zu wechseln und eine neue Denkweise anzunehmen, wenn du dich auf den Weg zu neuen Anfängen machst. Die 1 am Ende signalisiert, dass du eine große Veränderung erleben wirst, und du musst dich mit den notwendigen Werkzeugen ausstatten, um die Veränderung zu fördern und anzunehmen. Die Zahlen sind dieselben, aber die Botschaft ändert sich durch die Anordnung.

Deshalb empfehle ich dir dringend, die Zahlen, die du wahrnimmst, irgendwo aufzuschreiben, denn es kann sein, dass du dieselben allgemeinen Zahlen siehst, aber in einer anderen Anordnung. Notiere deine Interpretationen zu diesem Zeitpunkt, und wenn die Zahlen später wieder auftauchen, kannst du vergleichen, wie sich die Botschaften, die du erhältst, im Laufe der Zeit und mit der veränderten Anordnung verändert haben.

Zusammenfassung

In diesem Kapitel haben wir uns damit beschäftigt:

- Warum uns Engelszahlen erscheinen

- Die verschiedenen Engelszahlenfolgen

- Wie die numerische Anordnung der Engelszahlen den Inhalt der Nachricht beeinflusst

KAPITEL DREI

Synchronizität

"Synchronizität entsteht an der Schnittstelle von Bewusstsein, Reaktion, Perspektive und Aktion."

~ Andrea Goeglein

Hast du schon einmal etwas, das du dringend brauchst, genau zum richtigen Zeitpunkt erhalten, aber auf eine Weise, die dir unerklärlich erschien? Wenn du über diesen Vorfall nachdenkst, scheint nichts wirklich einen Sinn zu ergeben, oder? Vor etwa einem Jahr musste ich mein Kochfeld ersetzen. Der Herd, den ich mir wünschte, war ein wenig extravagant, aber ich hatte ihn schon eine Weile im Auge, und aus irgendeinem Grund weckte nichts anderes mein Interesse. Ich besuchte Geschäfte, blätterte in unzähligen Katalogen und sah mir wie besessen die Kochfelder in den Häusern von Freunden und Bekannten an. Alles, was ich wollte, war, eine billigere Alternative zu finden, die mir gefiel. Aber nein, mein Entschluss stand fest. In meinem Haus darf man ohne Zustimmung des Eigentümers keine Einbaugeräte austauschen. Da meine Wohnung noch mit den

Originalgeräten ausgestattet war und während des letzten Mietverhältnisses modernisiert worden war, sollte der Eigentümer meinen Herd kostenlos ersetzen. Aber die im Voraus genehmigten Geräte waren nicht das, was ich wollte. Am Ende beschlossen wir, dass ich die zusätzlichen Kosten übernehmen würde.

Als ich einer Freundin aufgeregt davon erzählte, meinte sie, dass der Eigentümer eine so wichtige Renovierung auf keinen Fall übersehen haben könne, da er ein Verfechter der Instandhaltung sei. Meine Wohnung befand sich auf der Etage, in der ich zur Miete wohnte, und diese wurden immer renoviert, weil sie einen höheren Wert hatten. Als der Techniker kam, um die Geräte auszutauschen, stellte er fest, dass bei der letzten Renovierungsrunde ein Techniker versehentlich die Geräte in der Wohnung über meiner ausgetauscht hatte. Der Fehler wurde erst bemerkt, nachdem ich den Eigentümer angerufen hatte. Ich kannte den Mieter, einen begeisterten Anhänger des Gesetzes der Anziehung, der mich schon mehrmals zu Manifestationskreisen eingeladen hatte. Als ich diese Geschichte hörte, überkam mich eine Art wundersame Freude, als ich erkannte, dass mein Schicksal eine gemeinsame Manifestation mit einem meiner Lieblingsmenschen gewesen war.

Dies ist die Essenz der göttlichen Synchronizität. Das Universum verschwört sich, um deine Wünsche durch Mittel zu erfüllen, die oberflächlich betrachtet nicht miteinander verbunden zu sein scheinen. Die göttliche Synchronizität ist der Höhepunkt des Wirkens der universellen göttlichen Gesetze, entweder durch die in einem Gesetz enthaltene Kraft oder durch die kombinierte Kraft von zwei oder mehr Gesetzen. Das Gesetz der Schwingung und das Gesetz der Anziehung sind in der Welt auf großes Interesse gestoßen. Viele spirituelle Gurus und Lehrer haben aufgezeigt, wie wir mit ihnen arbeiten können, um das Leben unserer Träume zu erschaffen, Glück zu erlangen und uns in unser Leben zu verlieben. Ich fühlte mich zum Gesetz der Anziehung hingezogen, lange bevor ich entdeckte, dass es 12 göttliche Universalgesetze gibt (die wir kennen). Und je mehr ich praktizierte, mich ausdehnte und tiefer in meine spirituelle Reise eintauchte, desto mehr wurde mir bewusst, dass die 12 Gesetze eine führende Rolle auf meiner Manifestationsreise spielten. Göttliche Synchronizität ist das Ergebnis der Übereinstimmung von einem oder mehreren Gesetzen und uns selbst.

Lass uns die 12 Gesetze und ihre Rolle in der göttlichen Synchronizität untersuchen.

Das Gesetz des göttlichen Einsseins

Dies ist das wichtigste Gesetz des Universums, und es unterstreicht die Verbundenheit von allem im Universum. Das

Gesetz des göttlichen Einsseins besagt, dass wir alle mit der Quelle und allem anderen verbunden sind. Das bedeutet, dass unsere Gedanken, Handlungen, Worte und Gefühle eine Wirkung haben, so dass wir mit unseren Gedanken und unserem Verhalten bewusster umgehen müssen. Indem wir in unser wahres Selbst hineinwachsen, finden wir unsere Bestimmung; unseren Weg, dem Universum durch unsere Leidenschaften Licht und Freude zu bringen. Das Gesetz der göttlichen Einheit zeigt uns, dass unsere Äußerungen positive Veränderungen bewirken müssen, da wir nie wissen, wie weitreichend die Folgen unserer Worte und Handlungen sein können.

Das Gesetz der göttlichen Einheit ist der ultimative Ausdruck der göttlichen Synchronizität, da es der Faden ist, der alles im Universum verbindet.

Das Gesetz der Schwingung

Wenn du das Gesetz der Anziehung praktizierst oder dich ein wenig mit Numerologie beschäftigt hast, dann bist du bereits mit dem Begriff *"Vibration"* vertraut. Das Gesetz der Schwingung, auch bekannt als das Gesetz der Energie, besagt, dass jedes einzelne Ding im Universum in ständiger Bewegung ist. Das Niveau der Schwingung ist jedoch unterschiedlich, und die Manifestation tritt ein, wenn unsere Schwingung mit der

Schwingung dessen, was wir suchen, übereinstimmt. Göttliche Synchronizität ist die Ausrichtung der Schwingung, die die Manifestation des gewünschten Ergebnisses fördert.

Das Gesetz der Korrespondenz

Um den legendären ägyptischen Weisen Hermes Trismegistus zu zitieren: "Wie oben, so unten, wie innen, so außen, wie das Universum, so die Seele....".

Das Gesetz der Korrespondenz besagt, dass der Zustand deiner physischen Welt aus deinem inneren Zustand resultiert. Deine innere Welt spiegelt sich in deiner Realität wider. Wenn deine Realität mit Mangel gefüllt ist, überprüfe deine Gedanken und Gefühle. Deine Gedanken können mit Inhalten gefüllt sein, die mit Mangel oder Unzulänglichkeit zu tun haben, was zu deinem Seinszustand wird. Deine innere Welt muss die Fülle widerspiegeln, bevor du sie in deiner Realität erlebst.

Das Gesetz der Anziehung

Gleiches zieht Gleiches an. Dies ist die grundlegende Basis des Gesetzes der Anziehung. Es ist das populärste universelle göttliche Gesetz, über das sowohl Gläubige als auch Kritiker ausführlich berichtet haben. Diesem Gesetz zufolge ziehst du das an, worauf du dich konzentrierst, was dich zum Schöpfer deiner eigenen Realität macht. Wenn du dich auf die Dinge konzentrierst, die du nicht willst, wirst du genau diese bekommen. Deshalb solltest du dich auf das konzentrieren, was DU WILLST. Das Gesetz der Anziehung verlangt von dir, dass du an das glaubst, was du manifestieren willst, denn Zweifel senken deine Schwingung. Dein Glaube ist der Treibstoff, der den Motor der Manifestation antreibt, und du musst unwiderrufliches Vertrauen in die Fähigkeit des Universums haben, deinen Traum Wirklichkeit werden zu lassen.

Das Gesetz des inspirierten Handelns

Deine Schwingung auf das auszurichten, was du willst, ist nur ein Teil der Manifestationsgleichung. Das Gesetz der inspirierten Handlung hebt die Handlungen hervor, die wir auf der Grundlage der Inspiration, die wir vom Universum erhalten, ergreifen, um uns unserer Manifestation näher zu bringen. Dies ist der physische Aspekt der Manifestation, der unsere innere Arbeit ergänzt, um unsere Schwingung in Übereinstimmung mit unseren Wünschen anzuheben. Wie Vasavi Kumar, eine Sozialarbeiterin, es ausdrückt: "Inspiriertes Handeln ist dieser sanfte, innere Anstoß. Es ist nicht immer ein Aktionsplan."

Das Gesetz der fortwährenden Energieumwandlung

Das Gesetz der ständigen Energieumwandlung besagt, dass Energie ständig im Fluss ist, und das bedeutet, dass du die Macht hast, deine Schwingung zu verändern. Höhere Schwingungen können niedrigere Schwingungen aufzehren und beeinflussen, was für uns eine gute Nachricht ist. Dieses Gesetz bekräftigt unsere eigene Kontrolle über unsere eigene Energie, was bedeutet, dass wir Schritte unternehmen können, um unsere Schwingung zu erhöhen, anstatt uns in niedrigen Schwingungen abzumühen und eine Realität zu manifestieren, die wir nicht wollen.

Das Gesetz von Ursache und Wirkung

Dieses Gesetz besagt, dass unsere Aktion immer eine Reaktion hervorruft, auch wenn die Reaktion nicht unmittelbar oder spürbar ist. Dieses Gesetz, das auch als das Gesetz des Karmas bekannt ist, zeigt auf, wie unsere Gedanken und unser innerer Zustand wiederum unsere Realität beeinflussen und die Erfahrungen, die wir machen, prägen. Der Versuch, die äußere Realität zu verbessern, ohne zuerst an unseren Gedanken und unserer Schwingung zu arbeiten, ist sinnlos, weil wir die Wirkung nicht ändern können, ohne zuerst die Ursache zu ändern.

Dieses Gesetz fordert uns auch auf, unsere Gedanken und

Handlungen weise zu wählen, denn sie werden letztendlich auf uns zurückfallen, ungeachtet der Zeit.

Das Recht der Entschädigung

Das Gesetz der Kompensation besagt, dass wir bekommen, was wir geben. Es lautet im Wesentlichen: "Du erntest, was du säst." Wie das Gesetz von Ursache und Wirkung unterstreicht auch dieses Gesetz unsere Macht, zu bestimmen, was in unserem Leben geschieht. Es geht darum, achtsam mit dem umzugehen, was du in das Universum gibst, und dich dafür zu entscheiden, Positives zu geben, denn das ist es, was du ernten wirst. Im Wesentlichen ist das, was du gibst, das, was du bekommst.

Das Gesetz der Relativität

Wir vergleichen unser Leben ständig mit anderen, fühlen uns besser, wenn wir denken, dass es uns viel besser geht, und verzweifeln, wenn wir das Gefühl haben, dass wir verlieren, vor allem im Vergleich zu Menschen, die wir kennen. Die sozialen Medien haben das Vergleichsspiel noch verschlimmert und eine Welt geschaffen, in der wir glauben, dass die Dinge auf eine bestimmte Weise laufen müssen, damit wir "glücklich" oder "erfolgreich" sind. Das Relativitätsgesetz zeigt jedoch, dass die

Art und Weise, wie wir unsere Realität interpretieren, in unserer Wahrnehmung begründet ist. Die Welt ist neutral, und wir sind diejenigen, die ihr aufgrund unserer eigenen Wahrnehmung eine Bedeutung zuweisen. Deshalb können zwei Menschen genau das Gleiche erleben, aber völlig unterschiedliche Schlussfolgerungen daraus ziehen.

Das Relativitätsgesetz erinnert dich daran, dass die Welt neutral ist, und dass du deinen eigenen Frieden in den Vordergrund stellen musst, anstatt zu kämpfen, um deine "Wahrheit" zu zeigen. Es ist sowieso alles relativ, warum also nicht daran arbeiten, die Realität zu erschaffen, die du willst?

Das Gesetz der Polarität

Alles im Universum hat sein Gegenteil. Das ist der Grundgedanke des Gesetzes der Polarität. Wo es Gutes gibt, gibt es auch Schlechtes. Wo es Dunkelheit gibt, gibt es auch Licht. Nur weil du eine Seite siehst, negierst du nicht die Existenz des Gegenteils. Dieses Gesetz erinnert uns daran, dass es für alles, was wir nicht wollen, auch etwas gibt, das wir wollen. Konzentriere dich also immer auf das, was du willst, auch wenn du mit Widrigkeiten konfrontiert bist. Auf diese Weise bleibst du in dem verwurzelt, was du willst, und das führt zu seiner Manifestation.

Das Gesetz des Rhythmus

Das Gesetz des Rhythmus, auch bekannt als das Gesetz der ewigen Bewegung, macht deutlich, dass alles einem Zyklus unterworfen ist. Die vier Jahreszeiten, der menschliche Wachstumszyklus, sind Teil dieser immerwährenden Bewegung. Dieses Gesetz fordert uns auf, die Zyklen anzunehmen, mit dem Strom zu schwimmen, anstatt gegen sie anzukämpfen. Kein Zyklus dauert ewig, und selbst wenn wir in einer Phase des Schmerzes und des Unglücks gefangen sind, müssen wir auf der Welle reiten und mit ihr arbeiten, bis wir auf der anderen Seite wieder herauskommen.

Das bedeutet nicht, dass du aufgibst, sondern vielmehr, dass du dir die Möglichkeit gibst, die Kraft zu sammeln, um es durchzustehen. Wenn du zum Beispiel manifestierst, was du nicht willst, besteht die Lösung nicht darin, dir die Schuld zu geben oder deine Situation zu leugnen. Vielmehr musst du deine Situation akzeptieren und daran arbeiten, deinen Fokus zu ändern.

Das Gesetz der Geschlechter

Das Gesetz der Geschlechter hebt die Energie hervor, die den weiblichen und männlichen Archetypen, dem Yin und Yang (oder Anima und Animus), innewohnt. Die weibliche Energie verkörpert Kreativität, Intuition, Spiritualität und Emotionen, während die männliche Energie, Logik, Aktion, Objektivität und Vertrauen verkörpert. Das Gesetz der Geschlechter besagt, dass du beide Energien im Gleichgewicht halten musst, um dein wahres Selbst zu leben. Die Gesellschaft bevorzugt die männliche Energie, aber wenn du dich nur auf diese konzentrierst, bist du ausgelaugt und aus dem Gleichgewicht. Du musst beide Energien einbeziehen, um in Übereinstimmung mit deinem authentischen Selbst zu leben.

Die 12 göttlichen universellen Gesetze regeln unser tägliches Leben, und wenn wir uns an ihnen ausrichten, erschaffen wir ein Leben in Schwingungs- und Manifestationsfülle. Wenn wir diese Gesetze verstehen und annehmen, finden wir einen Weg, unser authentisches Selbst durchscheinen zu lassen, und diese Schwingungsfülle bedeutet, dass wir öfter als sonst im Einklang sind. Die göttliche Synchronizität wird daher zu einem festen Bestandteil deiner Existenz und führt dich durch jeden Schritt, egal wie klein oder groß er ist.

Göttliche Synchronizität und Zahlenschwingung

Engelszahlen sind die physische Manifestation der göttlichen Synchronizität, der Beweis für deine Schwingungsausrichtung - die von den göttlichen Gesetzen bestimmt wird. Wenn sich deine Schwingung erhöht, um mit deinem gewünschten

Ergebnis übereinzustimmen, stimmt das Universum diese Schwingung mit eigenen Zeichen ab, die zu diesem Zeitpunkt gewöhnlich wie eine Reihe glücklicher Zufälle erscheinen. Bei diesen Zufälle ist göttliche Synchronizität im Spiel, die sich über eine kurze Zeitspanne oder über Jahre erstrecken kann. Wenn du anfängst, deine Engelszahlen zu bemerken, musst du dem Universum für das Zeichen, das du erhalten hast, Dankbarkeit entgegenbringen. Die Engelszahlen sind das häufigste Zeichen der göttlichen Synchronizität, und je höher deine Schwingung ist, desto häufiger werden sie gesehen.

Nimm die Botschaft des Universums an und denke daran, dass du das Universum nicht zwingen kannst, dir seine Zeichen zu zeigen. Die göttliche Synchronizität arbeitet mit deiner Entscheidung, deinen egoistischen Verstand loszulassen und dich dem Universum hinzugeben, indem du an die Fähigkeit des Universums glaubst, dich zu deinem wahren Selbst und deiner Bestimmung zu führen. Halte also nicht wie ein Falke Ausschau nach 11:11 Uhr und versuche nicht, deine Einkäufe zu manipulieren, um die gewünschte Zahl auf deinem Kassenbon zu erhalten. Das hat nichts mit göttlicher Synchronizität zu tun, denn du versuchst, das Universum zu lenken, und das ist unmöglich.

Engelszahlen haben, wie ihre einzelnen Ziffern, ihre eigene einzigartige Schwingung, die sie für uns sichtbar macht, wenn wir bereit sind. Unsere Ausrichtung auf die Schwingung der

Zahl(en) und unser Glaube an die Fähigkeit des Universums, uns den richtigen Weg zu zeigen, schafft die perfekte Situation für das physische Erscheinen der Zahl(en). Der Schlüssel, um deine Engelszahlen zu sehen, liegt also darin, an deiner eigenen Schwingung zu arbeiten und dir selbst zu erlauben, den richtigen Zustand zu erreichen, um die für dich bestimmte Botschaft zu empfangen.

Zusammenfassung

In diesem Kapitel haben wir uns damit beschäftigt:

- Die 12 göttlichen Universalgesetze

- Die Verbindung zwischen göttlicher Synchronizität und den göttlichen Universalgesetzen

- Die Verbindung zwischen göttlicher Synchronizität und der Schwingung der Engelszahlen

KAPITEL VIER

Deine Verbindung mit den Engelszahlen

"Du kannst nicht wahrnehmen, was du nicht in der
Schwingung hast."
~ Darryl Anka

Wenn du anfängst, deine Engelszahlen zu sehen, ist es schwer,
sie wieder loszuwerden. Manche Menschen haben ihre
Engelszahlen jedoch nie "bewusst" gesehen. Ich sage bewusst,
weil die Zahlen vielleicht erscheinen, aber weil es nicht so häufig
ist oder nicht jedes Mal dieselbe Zahl ist, erkennen sie sie nicht,
selbst wenn sie sich wünschen, sie zu sehen. Meine Engelszahl
ist überwiegend 1111, die ich bis auf wenige Ausnahmen so gut
wie immer sehe. Da die Engelszahlen jedoch genauso vielfältig
sind wie wir selbst, kann es sein, dass du sie nicht bemerkst, weil
nicht so viel über sie gesprochen wird oder du keine Ahnung
hast, welche **deine** Engelszahl ist. Dabei ist es relativ einfach,
deine Engelszahl zu finden, und hier sind die beiden wichtigsten

Möglichkeiten, wie du das tun kannst:

Numerologie

Die Numerologie kann wegen all der Unterzahlen, die es gibt, etwas kompliziert erscheinen, aber es ist ganz einfach, deine Engelszahl zu finden, denn du brauchst nur dein Geburtsdatum zu verwenden. Addiere einfach die Ziffern deines Geburtsdatums, -monats und -jahres, reduziere sie auf eine einzige Ziffer, und... voila!

Nehmen wir an, du bist am 25. Mai 1996 geboren. Deine Engelsnummer wäre in diesem Fall:

$$5 + 2 + 5 + 1 + 9 + 9 + 6 = 37$$

Da es sich um eine zweistellige Zahl handelt, musst du die Ziffern erneut addieren, bis du eine einzelne Ziffer erhältst:

$$3 + 7 = 10$$

$$1 + 0 = 1$$

In diesem Fall ist deine Engelszahl 1.

Wir werden die Interpretationen dieser Zahlen erforschen, also notiere dir vorerst einfach deine Zahl. Wenn deine Gesamtzahl jedoch 11, 22 oder 33 ist, brauchst du sie nicht zu reduzieren, da es sich um **Meisterzahlen handelt.** Wir werden die Bedeutungen und Interpretationen der Hauptzahlen später erforschen, also halte Ausschau nach ihnen. Wenn du neugierig bist, kannst du auch gleich weiterblättern und zurückkommen, wenn du deine Neugierde befriedigt hast.

Sich wiederholende Zahlen

Diese Zahlen können mit der Zahl, die du durch die Numerologie erhalten hast, verbunden sein, müssen es aber nicht. So habe ich meine Engelszahl gefunden, und ich kenne viele Menschen, die ihre Engelszahl auf diese Weise erhalten haben. Bei dieser Methode (ich verwende dieses Wort in Ermangelung eines besseren) musst du deine Schwingung erhöhen, um dich besser auf das Universum einzustellen, und deinen Engel bitten, dir deine Zahl zu zeigen. Versuche nicht, es zu erzwingen, sondern nehm die physische Welt um dich herum bewusster wahr und achte auf Zahlen, die dich anzuspringen scheinen. Wenn eine Zahlenfolge häufig auftaucht oder du sie bei verschiedenen Gelegenheiten bemerkst, solltest du ihr mehr Aufmerksamkeit schenken. Dies könnte deine Engelszahl sein.

Wenn die Sequenz immer wieder auftaucht, beobachte, was in deinem Leben passiert, wenn du die Zahl siehst. Halte während dieser Zeit deine Schwingung hoch, indem du Tagebuch führst, deine Dankbarkeit ausdrückst und meditierst. Versuche niemals, das Universum zu zwingen, denn das funktioniert nie. Wenn du deinen Teil tust und das Universum in seiner eigenen Zeit arbeiten lässt, wirst du bald die Botschaft sehen, nach der du gesucht hast. Dein Engel wird dir immer deinen Wunsch erfüllen, solange du mit der Quelle verbunden bleibst und eine positive Schwingung aussendest.

Dies sind die beiden Hauptmethoden, um deine Engelszahl zu finden, aber es gibt noch eine dritte Methode, die viel Geduld erfordert und eine Art Kombination der beiden anderen Methoden darstellt:

Intuition

Das mag ziemlich selbsterklärend erscheinen, aber der Prozess ist nicht wirklich einfach, denn er erfordert einen enormen Input von dir. Diese Methode (in Ermangelung eines besseren Wortes) verlangt von dir, dass du mit der Quelle und deinen Gefühlen im Einklang bleibst. Du kennst bereits deine Engelszahl, die von der Numerologie berechnet wurde, und du wirst auf ihr Erscheinen achten. Du musst aber auch deine Interaktion mit anderen Zahlen durch ständiges Tagebuchschreiben überwachen. Während du meditierst, musst du dir aller Zahlen bewusst sein, die in deinem Geist auftauchen, und während du dich durch den Tag bewegst, notiere dir die Momente, in denen du eine wesentliche Veränderung deiner Emotionen spürst, insbesondere in Richtung des Positiven.

Es gab eine lange Zeit, in der ich meine Engelszahl nicht sah, und auch meine Numerologiezahl 9 schien mir nicht greifbar. Also machte ich mich auf den Weg, um herauszufinden, was los war, und nachdem ich wochenlang alles getan hatte, um meine Schwingung hoch zu halten, wurde mir endlich klar, was mir fehlte. Aus irgendeinem Grund schlief ich mehrmals pro Woche um 3:33 Uhr nachts nicht mehr ein, oder ich musste um diese Zeit auf die Toilette. Aber das fiel mir erst auf, als ich eine digitale Tischuhr auf meinen Nachttisch stellte. Meine Engelszahl hatte sich verschoben, aber weil ich zu sehr damit beschäftigt war, nach 1111 oder 9 zu suchen, bemerkte ich nicht, wie sich meine Gefühle veränderten, wenn die Zahl 3 in meinem Leben auftauchte. Die Beobachtung meiner Schwingungen und emotionalen Veränderungen gab mir schließlich die Möglichkeit herauszufinden was mir fehlte. Und als ich 3:33 Uhr auf meiner Uhr sah, nachdem ich sie in meinem Zimmer aufgestellt hatte, überkam mich ein Gefühl des Friedens. Ich hatte die Botschaft meines Engels gefunden.

Schließe dich also nicht ein, wenn du nach deiner Engelszahl suchst. Du musst dem Universum vertrauen und alle Hemmungen loslassen, die du vielleicht hast, wenn du deine Engelszahl sehen willst. Sie wird erscheinen, wenn die Zeit reif ist, und du musst bereit und offen sein, sie zu empfangen.

In der Zwischenzeit wollen wir jedoch einige der Gründe erforschen, warum du deine Engelszahl vielleicht nicht siehst.

Warum sehe ich meine Engelszahl nicht?

Deine Engelszahl ist immer wieder aufgetaucht, und plötzlich kannst du sie nicht mehr sehen. Oder du hast deine Engelszahl nie gesehen, obwohl du deinen Traum manifestiert und positive Schwingungen in das Universum gesendet hast. Das muss doch bedeuten, dass etwas nicht stimmt, oder? Nicht unbedingt. Die Gründe, warum wir unsere Engelszahlen nie sehen oder nicht mehr sehen, sind unterschiedlich, und es ist nicht immer eine schlechte Nachricht, wenn du sie nicht siehst. Manche Umstände erfordern ein tieferes Nachdenken und die Umsetzung von Veränderungen, aber das ist nicht immer der Fall. Manchmal ist es sogar eine gute Nachricht, wenn man die Engelszahlen nicht sieht.

Einige der häufigsten Gründe, warum wir unsere Engelszahlen nicht mehr sehen oder nicht mehr sehen wollen, sind:

Es hat sich bereits manifestiert

Die Engelszahlen können aufhören zu erscheinen, wenn deine Manifestation abgeschlossen ist. Das Universum hat dir deinen

Wunsch bereits erfüllt, und da dein Wunsch in Erfüllung gegangen ist, besteht kein Bedarf mehr an weiterer Führung, bis du nach etwas Neuem greifst oder die Richtung änderst. Die Engelszahlen sind in der Regel dazu da, uns zu führen oder unsere Entscheidungen zu bestätigen, und wenn wir die Reise zur Manifestation abgeschlossen haben, gibt uns das Universum Zeit, den manifestierten Wunsch zu genießen.

Während dieser Zeit kannst du dich an den Früchten deiner Reise erfreuen, dir einen Moment Zeit nehmen, um die Großartigkeit deiner Manifestation zu spüren und deinem Engel für diese erfolgreiche Führung zu danken. In diesem Fall ist es eine großartige Sache, keine Engelszahlen zu sehen, und du solltest dafür dankbar sein, anstatt in Panik zu geraten und den Glauben an die Quelle zu verlieren.

Dein Leitfaden wurde bereits zur Verfügung gestellt

In anderen Fällen hören die Engelszahlen auf zu erscheinen, weil wir bereits eine Führung erhalten haben. In diesem Fall ist die Manifestation noch nicht abgeschlossen, aber dein Engel hat die Botschaft bereits übermittelt und wartet darauf, dass du auf der Grundlage der Führung tätig wirst. Ich habe die Erfahrung gemacht, dass dies meist geschieht, weil wir die Führung falsch interpretiert haben und unser Engel darauf wartet, dass wir unseren Fehler erkennen und den Kurs korrigieren.

Wenn deine Manifestation nicht vollständig ist, denke an das letzte Mal zurück, als du deine Engelszahl gesehen hast, und denke über deine Handlungen danach nach. Gibt es einen Weg, den du hättest einschlagen können, den du aber ignoriert hast? Bist du deiner Intuition gefolgt oder hast du sie ignoriert? Wie fühltest du dich bei den Handlungen, die du auf der Grundlage deiner damaligen Interpretation vorgenommen hast? Hätte die Zahl auch eine andere Botschaft enthalten können? Indem du deine Handlungen überprüfst, beobachtest du, was danach geschah, und das wird dir helfen, die richtige Botschaft zu finden.

Manchmal jedoch haben wir die Botschaft zwar erhalten, sie aber aus Angst nicht umgesetzt, oder wir warten auf den "richtigen" Zeitpunkt. Wenn das der Fall ist, wartet dein Engel geduldig auf dich, bevor er dir eine neue Botschaft schickt.

Dein Schwerpunkt hat sich vielleicht verlagert

Auch wenn es das Ziel unserer Reise ist, uns mit dem zu verbinden, was wir wirklich sind, ist dieser Weg nicht direkt. Die Umstände in unserem Leben ändern sich, und unser Fokus verschiebt sich, um diesen neuen Informationen gerecht zu werden. Als ich mich darauf vorbereitete, das erste Mal mit dem Schreiben zu beginnen, war ich sicher, dass ich alles hatte, was ich brauchte. Mein Sohn beschloss jedoch, dass dies der richtige Zeitpunkt war, um sich ein neues Hobby zu suchen, und ich musste mich mehr engagieren, da die Kurse etwa 40 Minuten von unserem Haus entfernt waren. Meine Abende und

Wochenenden, die ich normalerweise frei habe, wurden nun durch die Fahrt in Anspruch genommen, und ich musste anfangen, ihn nachmittags von der Schule abzuholen, um ihn zum Training zu fahren. Ich saß mit ihm zusammen, während er seine Unterrichtsstunden nahm, um herauszufinden, was er brauchte und wie ich ihn unterstützen konnte, damit er seine Ziele erreichen konnte. Das bedeutete, dass ich meine Arbeit, die ich normalerweise am Nachmittag erledigte, auf den späten Abend verschieben musste. Mein Fokus hatte sich auf meinen Sohn verlagert, und ich musste eine Pause von meinen Schreibarbeiten einlegen. Manchmal sind diese Veränderungen größer und einschneidender. Es kann ein verlorener Job sein, eine Versetzung, der Tod eines geliebten Menschen oder einfach eine allgemeine innere Veränderung, die dich in eine andere Richtung lenkt. Wenn das passiert, beginnt das Universum sich zu verschwören, um dir auf deinem neuen Weg zu helfen.

Als Reaktion darauf wird dein Engel vielleicht einen Schritt zurücktreten, um zu beobachten, wie du auf diesem neuen Weg vorankommst, und auf den Moment warten, in dem du um Führung bittest oder offen dafür bist, eine zu erhalten. Je tiefer du in diesen neuen Weg eintauchst, desto mehr wird dein Engel dir das schicken, was du brauchst, um deine neuen Wünsche zu manifestieren. Alles, was du tun musst, ist, dein Vertrauen in das Universum so stark wie immer zu halten und deine Schwingung im Einklang mit der Quelle zu halten.

Du bist ungeduldig

Das Universum hat Momente, in denen es fast sofort Antworten gibt, aber das ist nicht immer der Fall. Das Timing des Universums ist immer richtig, und der Versuch, auf eine Antwort zu drängen, weil du das Gefühl hast, dass zu viel Zeit vergangen ist, wird nicht zu einer Antwort führen. Stattdessen wird dies eine Schwingung des Zweifels erzeugen, und deine Bitten werden den Schwung verlieren, den sie gewonnen hatten, als du dem Universum vertrautest, dir eine Antwort zu geben. Deine Engelszahlen werden erscheinen, wenn die Zeit reif ist, und du bist nicht derjenige, der entscheidet, wann die richtige Zeit ist. Du bist ein Mitschöpfer, das heißt, du hast deinen Teil dazu beizutragen, und darauf musst du dich konzentrieren. Das Universum arbeitet mit dem Schwung deiner Schwingung, und Ungeduld senkt deine Schwingung, da sie fast immer von Zweifeln begleitet wird.

Wenn du das Gefühl hast, dass du jetzt eine Antwort haben musst, mach einen Schritt zurück. Vertraue dem Universum wieder voll und ganz, und konzentriere dich darauf, positive Schwingungen auszusenden und dich mit der Energie der Quelle in Einklang zu bringen. Ehe du dich versiehst, werden sich deine Antworten von selbst einstellen. Das Bedürfnis nach sofortigen Antworten loszulassen ist ein wichtiger Teil der Manifestation deiner Engelszahlen.

Du bist nicht im Einklang mit dem Universum

Das Gesetz der Schwingung ist eines der wichtigsten Gesetze beim Manifestieren, auch beim Manifestieren von Engelszahlen. Die Kommunikation mit dem Universum, der Quelle und unseren Engeln ist möglich, wenn unsere Schwingung mit der des Universums übereinstimmt. Benutzen wir die Analogie eines Radiosenders. Um den gewünschten Sender zu hören, musst du die Frequenz so einstellen, dass sie mit der des Radiosenders übereinstimmt. So ist es auch bei Walkie-Talkies. Ihre Schwingungsfrequenz ist wichtig, wenn Sie eine Rückmeldung vom Universum erhalten wollen.

Wenn du deine Engelszahlen nicht mehr siehst, kann es sein, dass deine Verbindung verloren gegangen ist, weil du nicht mehr mit deinem Engel im Einklang bist. Wie bereits erwähnt, musst du dich darauf konzentrieren, deine Schwingung auf die richtige Frequenz anzuheben, damit du die Zahlen sehen kannst, die dein Engel dir geschickt hat. Meditation, Dankbarkeit, Affirmationen, Tagebuchführung usw. sind alles Aktivitäten, denen du dich hingeben kannst, um deine Schwingung zu erhöhen und deine Ausrichtung wiederzufinden.

Du konzentrierst dich auf die falschen Zeichen

Ich bin mir sicher, dass du das weißt, aber ich schreibe es auf, nur für den Fall, dass meine Annahme fehlerhaft ist. Das

Universum kommuniziert auf viele verschiedene Arten, und Engelzahlen sind nur **ein** Kommunikationsmittel. Du kannst also nach Engelzahlen suchen, wenn das Universum dir eine Botschaft im Traum, durch eine unwahrscheinliche helfende Hand oder durch glückliche Zufälle, die dir immer eine Lektion zu erteilen scheinen, übermittelt hat. In den letzten Wochen ist meine Produktivität gesunken, und mein Schlafplan hat darunter gelitten, denn wenn ich genug Energie zum Arbeiten aufbringe, ist es schon zu spät in der Nacht. Aber in den letzten zwei Wochen hat das Universum mein Gehirn auf unwahrscheinliche Art und Weise mit motivierenden Inhalten gefüllt. Wenn ich ein Lied höre, wippe ich normalerweise einfach mit oder singe den Text mit, ohne groß darüber nachzudenken. In letzter Zeit habe ich jedoch über die Musik hinausgeschaut und darüber nachgedacht, wie der Sänger sich die Zeit genommen hat, ins Aufnahmestudio zu gehen und immer wieder zu singen, bis er es richtig hinbekam. Ich habe mir vorgestellt, wie die Schauspieler früh aufstehen oder nicht schlafen können, nur um die Szenen rechtzeitig zu drehen. Ich habe an all die Künstler gedacht, die die von mir geliebten Mangas (japanische Comics) zeichnen und illustrieren, an die Autoren, die ein Risiko eingegangen sind und alles auf die Seite gebracht haben.

Die Krönung des Ganzen war die Nacht, in der ich nicht schlafen konnte und zufällig beschloss, eine Folge eines Animes zu sehen, den ich immer dann anschaue, wenn mir danach ist.

In der Folge ging es darum, dass der Protagonist aufgrund des ständigen Stresses, unter dem er stand, Schwierigkeiten hatte, sein Kunstwerk zu erstellen, und schließlich die Antwort zu einem scheinbar unpassenden Zeitpunkt, nämlich in allerletzter Minute, fand. Ich weiß immer noch nicht, ob er es geschafft hat, denn ich habe die letzte Folge nicht gesehen. Für mich war das die Botschaft des Universums zur Ermutigung, und sie hat funktioniert! Ich liebe Musik, Zeichentrickfilme und Mangas, und alle meine Botschaften wurden durch diese Medien übermittelt.

Wenn du also keine Zahlen siehst, könnte es etwas anderes geben, das du ignorierst? Vielleicht gibt es überall um dich herum Zeichen, aber dein Fokus liegt nur auf den Zahlen. Ich weiß, dass sich dieses Buch speziell auf Engelszahlen konzentriert, aber das sollte dich nicht davon abhalten sicherzustellen, dass deine Botschaft nicht woanders liegt. Erlaube deiner Schwingung, dich zu dem richtigen Zeichen zu führen.

Du stellst die falschen Fragen

Ein weiterer Grund dafür, dass du deine Engelszahlen nicht mehr siehst, kann darin liegen, dass du in der falschen Sache Führung suchst. Was ist der Unterschied dazu, dass du auf einem anderen Weg bist? Nun, wenn du um Führung bittest, versteht dein Engel den wichtigsten Aspekt deines Weges und sieht über deine Emotionen oder Kämpfe im Moment hinaus.

Stelle dir vor, du bist bei der Arbeit frustriert, weil du zu viel zu tun hast und deine Kollegen dir nicht helfen wollen. Du hast aber nicht um Hilfe gebeten, sondern beschwerst dich nur über deine Arbeitsbelastung und hoffst, dass jemand das als Hinweis versteht, dir zu helfen. Als deine Frustration wächst, wendest du dich an das Universum, damit es dir hilft, einen neuen Job zu finden. Aber das ist nicht das, worauf du dich konzentrieren solltest, oder? Du hast nicht wirklich um Hilfe gebeten, und indem du dich ständig über die Arbeitsbelastung beklagst, konzentrierst du dich auf sie und ziehst noch mehr davon an. In dieser Situation solltest du dich darauf konzentrieren, den Mut aufzubringen, um Hilfe zu bitten oder mit deinem Vorgesetzten über die Arbeitsbelastung zu sprechen.

Das passiert manchmal, wenn wir uns an das Universum wenden und um Hilfe bitten. Wir versäumen es, über die oberflächlichen Probleme hinauszublicken und bitten um Führung für die falsche Sache. Und solange wir nicht tiefer blicken und die eigentliche Ursache finden, kann uns unser Engel nicht führen, weil er uns in die Irre führt. Aus diesem Grund musst du meditieren und in dich gehen, bevor du um Führung bittest. Auch deine Emotionen können deine Fähigkeit, die Situation klar zu sehen, vernebeln, und du solltest immer damit warten, um Führung zu bitten, bis du Klarheit gewonnen hast.

Du bekommst einen neuen Vormund

In manchen Fällen kann die Richtung deines Weges so sein, dass dein Schutzengel sich nicht in der Lage fühlt, dich ausreichend zu führen, so dass er die Macht größerer Engel oder einen Engel anruft, der deine Situation viel besser versteht. Das bedeutet nicht, dass dein Engel dich im Stich gelassen hat; vielmehr hat er dich zum Ende deiner Reise mit ihm geführt. Wenn dies geschieht, ist es wahrscheinlicher, dass du neue Zahlen wahrnimmst, in der Regel solche mit einer höheren Schwingung als die vorherigen.

Dieser Hüterwechsel kann dauerhaft sein, was bedeutet, dass deine Schwingung ein neues Hoch erreicht hat, oder er kann vorübergehend sein. Der neue Hüter ist vielleicht nur dazu da, dich durch einen besonders tückischen Weg zu bringen, bevor du wieder auf den richtigen Weg zurückkehrst, und zwar zu deinem üblichen Hüter. Wie dem auch sei, wenn du deine Zahlen aus den Augen verlierst, wird dies immer zu größeren Manifestationen und einer Explosion von Zahlen in deinem Leben führen.

Steigerung des Bewusstseins

Da deine Schwingung der Schlüssel zur Ausrichtung auf das Universum und deinen Engel ist, musst du daran arbeiten, deine

Schwingung zu erhöhen, um in einer besseren Position zu sein, deine Engelszahlen zu sehen. In dieser Situation ist das Erkennen deiner Engelszahlen die Manifestation, die du anstrebst und die dich auf deinem Weg zu deiner ultimativen Manifestation führen wird.

Um deine Schwingung zu erhöhen, findest du hier ein paar Aktivitäten, denen du frönen kannst. Bitte beachte, dass diese Liste keineswegs erschöpfend ist, und dass es darauf ankommt, die Aktivitäten so zu gestalten, dass sie dir Spaß machen, und nicht als Verpflichtung empfunden werden. Das wäre kontraproduktiv.

- **Selbstfürsorge:** Selbstfürsorge ist so vielfältig, wie wir Menschen vielfältig sind, und es gibt keinen "richtigen" Weg, sie zu betreiben. Das Ziel der Selbstfürsorge ist, dass du dich zufrieden, verjüngt und in Frieden fühlst. Wenn du Praktiken anwendest, durch die du dich emotional, physisch und psychisch besser fühlst, wird sich deine Schwingung erhöhen.

- **Affirmationen:** Affirmationen sind einfache, prägnante und positive Aussagen, die wir zu uns selbst wiederholen, um unsere gewünschten Manifestationen zu bestätigen. Affirmationen können uns helfen, allgegenwärtige negative Gedanken zu überwinden, die unsere Schwingung senken, und unsere Manifestation zu beschleunigen. Du musst jedoch an die Affirmation, die du aussprichst, glauben, da Zweifel die Energie, die du ins Universum schickst, verzerren werden.

- **Meditation:** Meditation ist ein hervorragendes Mittel, um die Dynamik negativer und/oder allgegenwärtiger Gedanken zu verlangsamen, denn sie gibt dir die Möglichkeit, von dir selbst wegzutreten und deine Gedanken zu beobachten. Durch Selbstmeditation oder angeleitete Meditation kannst du deinen Geist entrümpeln und positive Gedanken annehmen, die deine Schwingung erhöhen.

- **Yoga/Bewegung:** Wenn du deinen Körper den Herausforderungen der Bewegung aussetzt, fühlst du dich immer besser. Ob durch Yoga, Tanzen, Gewichtheben oder einen flotten Spaziergang, es gibt ein Gefühl der Euphorie, das diese Aktivitäten begleitet, und du kannst dies nutzen, um deine Schwingung aufzuladen. Wenn du diese Zeit nutzt, um dich auf positive Gedanken zu konzentrieren, wird deine Schwingung wesentlich höher sein als zu Beginn. Allerdings musst du immer auf der Hut sein, denn wenn du erschöpft bist, könntest du ins Grübeln kommen. Wenn das passiert, rezitiere Affirmationen, von denen du weisst, dass sie dir immer ein besseres Gefühl geben.

- **Musik:** Ich liebe Musik, und das ist normalerweise meine erste Anlaufstelle, wenn ich das Gefühl habe, dass meine

Schwingung abfällt. Mein Verstand neigt zum Grübeln, vor allem über das Unrecht, das ich anderen gegenüber begangen habe, selbst wenn es unbeabsichtigt war. Wenn ich also eine schwere Zeit durchmache, zweifle ich immer an meinen Fähigkeiten, und mein Verstand fängt an, mich daran zu erinnern, warum ich es verdient habe, schwere Zeiten durchzumachen. Es kann eine Weile dauern, diese Stimme zum Schweigen zu bringen, also habe ich gelernt, eine zur Stimmung passende Playlist anzulegen. Es spielt keine Rolle, wie weit ich in den Kaninchenbau hinabgestiegen bin. Die Musik holt mich immer wieder heraus. Ich ertappe mich dabei, wie ich mich stattdessen auf die vertrauten Texte konzentriere. Und ich bin nicht die Einzige, deren Schwingung durch Musik erhöht wird. Musik ist einer der schnellsten Wege, um aus einem Stimmungstief herauszukommen, selbst wenn du deine Affirmationen aufsagst. Wenn du kannst, erstell dir eine Wiedergabeliste, von der du weist, dass sie Wunder wirkt, nur für den Fall, dass du keine Zeit hast, nach einem Lied zu suchen, wenn du dringend einen Schub brauchst.

Wenn Musik nichts für dich ist, kannst du dir auch deinen Lieblingsfilm ansehen oder dein Lieblingszitat oder -buch lesen. Solange der Inhalt, den du konsumierst, positiv ist und dich in eine bessere Stimmung versetzt, kannst du dich ihm hingeben, um deine Schwingung zu erhöhen.

- **Tagebuch schreiben:** Das Führen eines Tagebuchs ist eine vielseitige Übung, die du in jeder Situation anwenden kannst, und du wirst dich danach etwas besser fühlen als zu Beginn. Wenn dein Geist von Sorgen, Zweifeln oder Negativität überflutet wird, gibt dir das Aufschreiben all dessen ein dringend benötigtes Ventil, und du kannst das Tagebuch nutzen, um Argumente hervorzuheben, die deinen Zweifeln und Sorgen entgegenwirken. Ein Dankbarkeitstagebuch ist auch eine großartige Möglichkeit, deine Schwingung zu erhöhen, da es deinen Geist zwingt, das Gute in deinem Leben zu finden, egal wie klein es ist. Ein Tagebuch, in dem du die Ereignisse des Tages festhälst, sorgt für einen klaren Kopf, und du kannst damit deine nächsten Schritte planen. Ganz gleich, wie du diese Übung durchführst, das Führen eines Tagebuchs ermöglicht es dir, tiefer einzutauchen, was normalerweise unmöglich ist, wenn du in einer Gedankenschleife feststeckst. Mit einem klareren Geist hast du eine größere Chance, deine Schwingung zu erhöhen, indem du beunruhigende Gedanken durch positivere, ermutigende Gedanken ersetzt.

- **Dankbarkeit:** Sich die Zeit zu nehmen, um Dankbarkeit für die Dinge auszudrücken, die du hast oder für das, was du bist, ist eine großartige Möglichkeit, deine Schwingung zu erhöhen. Die Wertschätzung dessen, was du hast, sendet eine kraftvolle Botschaft an das Universum, die deine Bereitschaft zeigt, noch mehr von dem zu erhalten, was du dir wünschst. Dankbarkeit versetzt uns in eine höhere Schwingung, weil wir daran erinnert werden, dass wir viel Gutes in unserem Leben haben, egal wie klein es auch sein mag. Eine tägliche Dankbarkeitspraxis ist der perfekte Weg, um deine Schwingung hoch zu halten, und an Tagen, an denen du Schwierigkeiten hast, das Gute in deinem Leben zu finden, hilft dir ein Blick in dein Tagebuch, dich an all das Gute zu erinnern, das Teil deines Lebens war.

- **Gute Taten/Dienstleistungen:** Manchmal liegt der Schlüssel zum Durchbrechen unserer eigenen Negativschleife darin, dass wir uns völlig von uns selbst entfernen und uns auf andere konzentrieren. Wenn du dir die Zeit nimmst, den Tag oder die Zeit eines anderen Menschen ein wenig zu verbessern, wirst du dich selbst viel besser fühlen. Das mag egoistisch erscheinen, ist es aber nicht. Gute Taten sind für beide Seiten von Vorteil, und wenn wir uns einen Moment Zeit nehmen, um jemand anderem etwas zu gönnen, können wir unser Lächeln wiederfinden.

Auch wenn du deine Schwingung erhöhst, musst du geduldig bleiben und das Universum in seiner eigenen Zeit arbeiten lassen. Genieße den Prozess und lasse dein Bedürfnis los, deine Engelszahlen zu sehen. Du wirst weitere Wege finden, mit dem

Universum zu kommunizieren, bis die Zahlen wieder zu dir kommen. Verliere nicht die Hoffnung, und lasse dich nicht dazu verleiten, diese Aktivitäten zu einer Verpflichtung zu machen, nur damit du die Zahlen sehen kannst. Das Universum weiß Aufrichtigkeit zu schätzen, und Unaufrichtigkeit wird dich immer weiter von deinem Ziel entfernen.

Zusammenfassung

In diesem Kapitel haben wir uns damit beschäftigt:

- Wie du deine Engelszahl findest

- Die Gründe, warum du deine Engelszahl nicht gesehen hast oder nicht mehr siehst

- Was du tun kannst, um deine Schwingung zu erhöhen und deine Chancen zu erhöhen, deine Engelszahl zu sehen

KAPITEL 5

Einstellige Engel-Nummern

"Wenn sogar Gott mit der Zahl angesprochen wird, warum
glaubst du dann nicht, dass dein Geburtsdatum und die
Zahlenwerte der Buchstaben, aus denen sich dein Name
zusammensetzt, dir auch etwas sagen?"

~ Zainurrahman

Im ersten Kapitel haben wir uns mit der Geschichte der
modernen Numerologie, der pythagoreischen Numerologie,
beschäftigt. In diesem Kapitel werden wir tiefer eintauchen, wie
wir die Numerologie nutzen können, um die Botschaften zu
interpretieren, die wir durch unsere Engelszahlen erhalten,
beginnend mit den grundlegenden Zahlen - einstelligen Zahlen.

Um besser zu verstehen, warum die Numerologie wichtig ist,
werden wir die pythagoreische alphanumerische Chiffre
verwenden, um zu sehen, wie unsere Namen und unser
Geburtsdatum wesentlich dazu beitragen, wie wir die Zahlen
interpretieren, die wir vom Universum erhalten.

Alphanumerische Chiffre des Pythagoras

Die pythagoräische alphanumerische Chiffre ist ein wichtiges Werkzeug in der Numerologie, da sie uns erlaubt, die Wurzel unseres Namens zu finden, die Zahl, die uns zu unserem Schicksal führt. Mit der Chiffre kannst du deine Schicksals- oder Ausdruckszahl herausfinden, die dir sagt, was du tun musst, um dich mit deiner Lebensaufgabe, die durch deine Lebenswegzahl ausgedrückt wird, in Einklang zu bringen.

Unsere Schicksals- und Lebenswegzahlen haben jeweils ihre eigene Schwingung, und wenn wir im Einklang sind, fühlt sich unser Leben zufrieden und friedlich an. Um deine Schicksalszahl zu bestimmen, musst du nur jeden Buchstaben deines vollständigen Namens (der in deinen offiziellen Dokumenten angegebene Name) mit Hilfe der Chiffre in seine Stammzahl umwandeln und die Ziffern addieren, bis du sie auf eine einzige Zahl oder eine Meisterzahl reduzierst.

Bitte verwende die nachstehende Chiffre, um deine Schicksalszahl zu berechnen.

1 - A, J, S

2 - B, K, T

3 - C, L, U

4 - D, M, V

5 - E, N, W

6 - F, O, X

7 - G, P, Y

8 - H, Q, Z

9 - I, R

Schicksal und Lebenswegnummer

Mit Layla Moon ist meine **Schicksalszahl;**

L A Y L A   M O O N

3+1+7+3+1 4+6+6+5

15 +   21

36

Dies wird dann auf eine einzige Ziffer reduziert: $3 + 6 = 9$

Um deine **Lebenswegnummer** zu berechnen, musst du dein Geburtsdatum und deinen Geburtsmonat hinzufügen.

In Anlehnung an das Beispiel in Kapitel 1 wird der 27. Juli wie folgt berechnet: $2 + 7 + 7 = 16$, was wiederum $1 + 6 = 7$ ist

Deine Lebenswegnummer zeigt dir deinen Lebenszweck oder dein Ziel. Sie ist der Ausdruck der Schwingung deiner Seele und zeigt dir, was du in deinem Leben anstreben musst, um dein wahres Selbst zu finden. Dies ist das größere Ziel deines Lebens, und deine Schicksalszahl ist das Fahrzeug, das du benutzt, um dorthin zu gelangen. Deine Schicksalszahl, auch bekannt als Ausdruckszahl, hebt deine Stärken und Schwächen hervor und fordert dich auf, aus deinen Stärken Kapital zu schlagen, um deine Lebensaufgabe zu erfüllen. Da sie auch auf deine Schwächen hinweist, ist deine Schicksalszahl auch eine Darstellung der Dinge, an denen du arbeiten musst, damit sie dich nicht daran hindern, dich mit deinem wahren Selbst in Einklang zu bringen und deine Bestimmung zu erfüllen.

Schauen wir uns die Bedeutung der einzelnen Zahlen an, damit du herausfinden kannst, wer du bist und was dein Lebensziel ist.

Schwingungen der Zahlen 0 - 9

Wie in diesem Buch bereits mehrfach hervorgehoben wurde, hat jede Zahl ihre eigene, einzigartige Schwingung und Bedeutung. Wenn wir die Interpretationen der einzelnen

Ziffern erforschen, heben wir die grundlegende Schwingung der Engelszahlen hervor. Wenn du die Schwingung jeder Zahl verstehst, verstehst du deine Lebensweg- und Schicksalszahl sowie die Engelzahlen, die dir auf deinem Weg dienen. Dieses Verständnis wird dir auch helfen, mehr Klarheit zu gewinnen, wenn die Engelszahlen, denen du begegnest, keine allgemeine Bedeutung haben.

Null

Die 0 steht für das Unendliche, das Nichts. Sie ist die Zahl, die die Quelle symbolisiert, oder wie die Alten es ausdrückten, die "Gotteskraft". Wenn sie zusammen mit anderen Zahlen erscheint, wird die Null zu einem Verstärker, der die Schwingung der anderen Zahlen verstärkt.

Die Zahl Null fordert uns auf, auf unser höheres Selbst zu hören und die Begrenzungen dieser Welt zu überwinden. Sie steht für den Beginn einer spirituellen Reise und weist auf die Ungewissheiten hin, die zu dieser neuen Reise dazugehören. Deine Lebenswegzahl und deine Schicksalszahl werden sich nie zu Null addieren, denn ihre Schwingung dient dazu, uns der Quelle näher zu bringen.

Eins

Die Zahl 1 symbolisiert Neuanfänge, Schöpfung und Autonomie. Die 1 zeigt überirdischen Ehrgeiz und Willenskraft, und ihr Antrieb ist unübertroffen. Das Ziel ist es, voranzukommen und zu erreichen, was getan werden muss, und 1er sind großartige Führungskräfte. Allerdings können sie auch stur sein, und ihre Willenskraft kann schnell in Arroganz und überzogene Selbstherrlichkeit umschlagen. Das Bedürfnis nach Selbstständigkeit treibt 1er an, aber wenn die negativen Eigenschaften nicht kontrolliert werden, können sie Menschen schnell abstoßen.

Die Zahl 1 erscheint in der Regel, wenn wir uns auf etwas Neues einlassen oder wenn sich unser Weg ändert. Sie ist in der Regel ein Zeichen der Ermutigung durch das Universum, da dies bedeuten kann, dass wir den Mut finden müssen, uns neuen Herausforderungen zu stellen, oder uns zu entspannen und die neue Manifestation zu genießen.

Zwei

Die Zahl 2 ist mit Sensibilität und Harmonie verbunden. 2er haben die angeborene Fähigkeit, Energie und emotionale Veränderungen zu spüren. Da sie in Harmonie gedeihen, nutzen 2er immer ihr Mitgefühl und ihre Empathie, um Harmonie in Beziehungen und Situationen zu bringen. Sie sind jedoch konfliktscheu und leiden vielleicht lieber im Stillen, um keinen Konflikt auszulösen, oder sie beugen sich dem Willen anderer, um Konflikte zu vermeiden. 2er müssen sich davor hüten, sich zu sehr auf äußere Bestätigung zu verlassen, und sie müssen daran arbeiten, ihre Angst vor dem Unbekannten und vor ungeplanten Veränderungen zu überwinden, wenn sie Stagnation vermeiden wollen.

Wenn wir die Nummer 2 sehen, ruft uns das Universum dazu auf, uns auf unsere Stärke zu stützen, um weiter voranzukommen. Es kann auch ein Aufruf sein, Hilfe anzunehmen, wenn du dich abmühst, aber darauf zu achten, dass die andere Person deinen Weg nicht entgleisen lässt. Die Zahl 2 unterstreicht im Wesentlichen die Bedeutung einer harmonischen Zusammenarbeit, warnt aber davor, sich dem Willen anderer zu beugen.

Drei

Die Zahl 3 ist mit Kreativität und Selbstdarstellung verbunden. 3er sind dafür bekannt, dass sie Kommunikation schätzen, und ihr Ausdruck fließt durch verschiedene Medien, einschließlich Schreiben, Kunst und Musik. Sie teilen gerne, und diese Freude wird noch verstärkt, wenn sie andere zum Lächeln bringen. 3er sind gesellig, abenteuerlustig und spontan - Eigenschaften, die sie bei anderen beliebt machen. Sie haben jedoch Stimmungsschwankungen, die extrem sein können und an Manie grenzen, was die Menschen ihnen gegenüber misstrauisch machen kann. 3er neigen auch dazu, sich emotional zurückzuziehen, wenn sie sich unverstanden fühlen, und sie können Gleichgültigkeit als einen Bewältigungsmechanismus einsetzen, um den Schmerz der Zurückweisung zu vermeiden.

Wenn die Zahl 3 erscheint, ist das ein Zeichen des Universums, dass gute Dinge auf dich zukommen. Die 3 ist eine Ermahnung deines Engels, positiv zu bleiben, an dich selbst zu glauben und standhaft zu bleiben, auch wenn dich Herausforderungen plagen. Die Zahl 3 ist ein Zeichen für Optimismus.

Vier

Die Zahl 4 ist mit Disziplin und Struktur verbunden, und 4er fühlen sich in strukturierten Systemen wohl. 4er sind praktisch veranlagt und arbeiten hart, denn sie brauchen Stabilität. Sie gehen Situationen gewissenhaft und mit der nötigen Ernsthaftigkeit an und sind sehr zuverlässig. Dieses Bedürfnis nach Struktur und Ordnung kann jedoch zu Starrheit und einer Unfähigkeit zur Anpassung führen. Wenn sie nicht kontrolliert werden, kann dies zu unnötigem Leid führen, denn das Leben verändert sich ständig, und Anpassungsfähigkeit zeigt das Vertrauen in das Universum, dass es dich zu deinem Ziel führt.

Wenn wir die Zahl 4 sehen, ist es eine Botschaft des Universums, dass wir die Liebe und Unterstützung unseres Schutzengels haben. Es ist eine Ermutigung des Universums, an uns selbst zu glauben und Risiken einzugehen, da Veränderungen unvermeidlich sind.

Fünf

Die Zahl 5 ist mit Freiheit verbunden, und 5er sind abenteuerlustige

Geister, die sich im Takt ihrer eigenen Trommel bewegen. Sie sind mutig und tapfer und finden in ihren mutigen Taten Lektionen fürs Leben. Ihre Spontaneität macht das Leben interessant, aber sie können auch unbesonnen und ruhelos sein. Andere mögen sie für unverantwortlich und unzuverlässig halten, und ihre Unverbindlichkeit kann manche davon abhalten, ihnen eine Chance zu geben. 5er können davon profitieren, eine Struktur zu schaffen, die ihnen die Zeit und den Raum gibt, sich ihrem Geist hinzugeben.

Das Erscheinen der Zahl 5 ist ein Zeichen des Universums, dass große Veränderungen bevorstehen, und du musst auf diese Zeit des persönlichen Wachstums vorbereitet sein. Veränderungen sind nie einfach, und das Universum gibt dir eine Warnung UND ermutigt dich, so dass du bereit sein musst, dich über alles zu erheben, was auf dich zukommt.

Sechs

Der Glaube, dass die Zahl 6 ein Omen ist, hat sich so sehr in den gesellschaftlichen Glauben eingegraben, dass viele Menschen vor dieser Zahl zurückschrecken. Das kann nicht weiter von der Wahrheit entfernt sein. Die 6 ist die Zahl der Häuslichkeit, des Heims und der Familie. 6er sind als fürsorgliche Seelen bekannt, die einfühlsam und hilfsbereit sind. Sie lieben es, sich um ihre Familie und enge Freunde zu kümmern, und genießen die Stabilität eines gepflegten Heims. Diese Fürsorge und Besorgnis, die sie zum Ausdruck bringen, kann jedoch auch übermächtig werden. Weil sie sich um andere kümmern, glauben sie vielleicht, dass sie aufgrund ihrer Selbstlosigkeit besser sind als andere, und dieser Überlegenheitskomplex kann kontraintuitiv sein. Sie neigen auch zu Stress und können so unterwürfig werden, dass sie sich selbst vernachlässigen, um anderen zu dienen. 6er können davon profitieren, ein Gleichgewicht zu finden, einen Weg, der sicherstellt, dass für sie *und* andere gesorgt ist.

Das Erscheinen der Zahl 6 ist in der Regel eine Botschaft des Universums, die uns auffordert, unser Leben zu überprüfen. Es ist ein Aufruf, uns mit dem Spirituellen zu verbinden, selbst wenn wir dem Materiellen nachjagen. Unser Wächter sendet ein Zeichen, dass wir durch die Verbindung mit dem Göttlichen, mit uns selbst und mit anderen ein Gleichgewicht in unserem Leben finden müssen.

Sieben

Die Zahl 7 ist mit spirituellem Erwachen und Erleuchtung verbunden. Menschen mit der Zahl 7 sind introspektive Wesen, die dazu neigen, viel zu denken. Ihre analytischen Fähigkeiten sind erstklassig, und sie neigen dazu, sich zum Mythischen und Spirituellen hingezogen zu fühlen. Wenn sie nicht aufpassen, können 7er leicht in eine Schleife aus überkritischen und pessimistischen Gedanken geraten. Sie neigen auch zu Ressentiments und gehen nicht gern Kompromisse ein. 7er können selbstgerecht sein, besonders wenn sie auf ihrem spirituellen Weg unglaubliche Fortschritte machen.

Das Erscheinen der Zahl 7 ist eine Zusicherung des Universums, dass göttliche Kräfte im Spiel sind und dass du dir selbst vertrauen musst, um die Hürden zu überwinden, die sich dir in den Weg stellen werden.

Acht

Die Zahl 8 wird mit Überfluss, materiellem Wohlstand und finanziellem Erfolg in Verbindung gebracht. 8er sind bekannt für ihren unerbittlichen Ehrgeiz und ihre Zielorientierung, die sie mit scheinbar relativer Leichtigkeit in Führungspositionen bringt. Sie sind selbstsicher, selbstbewusst und selbstverantwortlich, und ihre Stärke gibt ihrem Umfeld die Gewissheit, dass sie ihre Ziele erreichen können. Aufgrund ihrer Hartnäckigkeit und ihrer zielstrebigen Konzentration auf das Ziel können 8er einen Überlegenheitskomplex entwickeln und in ihrer Kritik taktlos sein. Wenn sie nicht aufpassen, können 8er von Habgier zerfressen werden, und ihre Führungsqualitäten können kontrollierend wirken, wenn sie nicht auf andere vertrauen und delegieren.

Wenn die Zahl 8 auftaucht, ist das ein Zeichen des Universums, dass Fülle auf dich zukommt und du sie erreichen wirst, wenn du dich anstrengst. Die 8 erinnert dich daran, dass dein Engel dich immer führen, unterstützen und ermutigen wird, so dass du dich nicht zu sorgen brauchst, selbst wenn du auf

Herausforderungen stößt. Vertraue auf dich selbst und das Universum, und du wirst den Reichtum erhalten, der dir bevorsteht.

Neun

Die Zahl 9 wird mit alten Seelen in Verbindung gebracht, mit Menschen, die durch das Leben gegangen sind und alles gelernt haben, was sie glauben, daraus lernen zu können. 9er sind mitfühlend, verständnisvoll und akzeptierend und bekannt für ihre humanitären und altruistischen Bestrebungen. 9er können bis zu einem gewissen Grad großzügig sein, und sie teilen ihr Wissen gerne mit anderen. Es kann ihnen jedoch schwer fallen, aus neuen Situationen zu lernen, und sie können sich in ihrer Fantasie verlieren. Es ist von größter Wichtigkeit, diese Trennung abzumildern, da sie zu einer Flucht aus der Realität führen kann, wenn sie nicht kontrolliert wird.

Wenn dir die Zahl 9 erscheint, ist das eine Mahnung des Universums, dir Zeit zu nehmen und über dein Leben und den Weg, den du gehen musst, nachzudenken. Du wirst die Unterstützung deines Engels in zukünftigen Schwierigkeiten haben, also musst du deiner Intuition folgen.

Zusammenfassung

In diesem Kapitel haben wir uns damit beschäftigt:

- Die alphanumerische Chiffre des Pythagoras

- Die Berechnung von Schicksals- und Lebenswegzahlen

- Die Bedeutung von einstelligen Zahlen und Interpretationen von einstelligen Engelszahlen

KAPITEL 6

Zahlenfolgen und Kombinationen

"Das Ausmaß des Lebens ist überwältigend. Die Engel sind hier, um uns zu helfen, es in Frieden zu nehmen."

~ Terri Guillemets

In diesem Kapitel tauchen wir in die Bedeutungen der sichtbarsten Engelszahlen ein, deren Anwesenheit keinen Zweifel daran lässt, dass das Universum mit dir kommuniziert. Hauptzahlen, sich wiederholende Sequenzen und fortlaufende Zahlen machen nur einen winzigen Teil des riesigen Universums der Engelszahlen aus, und sie sind großartige Einblicke in die Absichten des Universums. Wenn du jedoch immer mehr in Einklang mit der Quelle kommst, werden sich die Zahlen verschieben und in gemischte Sequenzen verwandeln, von denen einige vielleicht nicht registriert werden, wenn du nicht im Einklang mit dem Universum bist. Wir werden diese Zahlen im nächsten Kapitel erforschen, also lasst uns erst einmal loslegen!

Master-Nummern

Die in den Engelszahlen enthaltene Schwingung ist bedeutend, und das Erscheinen dieser Zahlen bringt immer eine gewisse Kraft in unser Leben. Einige Zahlen sind jedoch wesentlich mächtiger und heben die Kraft ihrer Stammzahlen auf neue Höhen. In der Numerologie werden diese Zahlen als Meisterzahlen bezeichnet, und zu ihnen gehören die Zahlen 11, 22 und 33. Wenn du diese drei Zahlen bei der Berechnung deiner Schicksals- und Lebenswegzahlen erhältst, solltest du sie nicht auf ihre einzelnen Ziffern reduzieren. Deine Macht liegt in den Hauptzahlen, und deine Seele muss mit deiner Bestimmung und deinem Schicksal übereinstimmen und darüber hinausgehen.

Da die Zahlen 1, 2 und 3 das Dreieck der Erleuchtung bilden, wird gesagt, dass die Meisterzahlen die drei Stufen der Schöpfung symbolisieren, wobei 11 für die Vorstellung, 22 für das Bauen oder Schaffen und 33 für das Teilen steht.

Meister Nummer 11: Der Meistervisionär

Die Meisterzahl 11 stützt sich auf die Kraft der Zahl 2 (1+1=2), wird aber auch stark von der Schwingung der Zahl 1 beeinflusst, wodurch eine kraftvolle Schwingung entsteht, die spirituelles Bewusstsein und Erleuchtung, Sensibilität und Führung verkörpert. Das Erscheinen der 11 ist ein Zeichen des Universums, dass du deinen Gedanken und Ideen mehr

Aufmerksamkeit schenken sollst, da sie die Antworten auf deine Wünsche enthalten können. Das Universum fordert dich auf, deiner Intuition und deinem Bauchgefühl zu vertrauen, und du musst dir einen Moment Zeit nehmen, um in dich zu gehen und dich auf deine spirituelle innere Stimme zu verlassen.

Meister Nummer 22: Der Baumeister

Ausgehend von der Kraft der Meisterzahl 11 und ihrer einstelligen Tugend 4 ist die Schwingung der Meisterzahl 22 eine gewaltige Kraft, die selbst die größten Träume in die Realität umsetzen kann. Die Hauptzahl 22 verbindet die Ideen und Visionen der 11 mit der Struktur, der Sachlichkeit und der Logik der 4 und verwandelt diese Ideen durch gut ausgearbeitete Aktionspläne und einen systematischen Ansatz zur Lösung von Problemen und zur Überwindung von Hürden in die Realität. Es besteht jedoch die Gefahr, zu weit zu gehen und sich in der Verfolgung des Materials zu verlieren, was die Schöpfungen zerstören kann. Umgekehrt könnten 22er die Kraft ihrer Hauptzahl ignorieren und sich in Müßiggang und Orientierungslosigkeit verlieren.

Das Erscheinen der 22 ist das Zeichen des Universums, dass du das große Ganze betrachten und dann an den Details arbeiten sollst, um diese Vision zu verwirklichen. Es ist eine Erinnerung daran, positiv und optimistisch zu bleiben, während du daran arbeitest, deine Manifestationen zu verwirklichen, sowohl auf der materiellen als auch auf der spirituellen Ebene.

Meister Nummer 33: Der Meister-Lehrer

Die Schwingung der Meisterzahl 33 ist überirdisch stark, und ihre Macht macht es den 33ern schwer, ihren Fähigkeiten gerecht zu werden und sich selbst zu meistern. Die Meisterzahl 33 stützt sich auf die Kräfte der Meisterzahl 11, der Meisterzahl 22 und ihrem eigenen Wert, der Zahl 6. Die 33er sind der Kanal des Universums für göttliche Botschaften, denn sie sind die Führer, die andere zu ihrer Heilung und Erleuchtung führen. Meister Nummer 33er haben die visionäre und aufbauende Kraft von 11 und 22, aber die Bescheidenheit und das Mitgefühl von 6 machen sie zu großartigen Helfern für diejenigen, die ihre Ideen verwirklichen wollen. Allerdings neigen sie dazu, zu viel nachzudenken, und sie können sehr kritisch und wertend sein.

Die Kraft der Schwingung von Meister Nummer 33 ist so groß, dass ihre Anwesenheit in deinem Leben das Signal des Universums ist, dass alle positiven Veränderungen oder Projekte, die du in Erwägung ziehst, sich für dich lohnen werden. Das Universum gibt dir auch das Versprechen, dass du bei deinen Unternehmungen immer Unterstützung erhalten wirst.

Wiederholte Sequenzen

Sich wiederholende Sequenzen sind das, was viele Menschen als

Engelszahlen erkennen, weil sie so leicht zu erkennen sind. Und aus diesem Grund wird dein Engel durch sich wiederholende Sequenzen kommunizieren, wenn deine Schwingung beginnt, sich mit dem Universum in Einklang zu bringen. Lass uns zweistellige bis vierstellige sich wiederholende Sequenzen erforschen:

Sich wiederholende 0's - 00; 000; 0000

Die 0 ist die Zahl, die die Schwingung von allem und nichts einfängt. Sie ist die Quelle, und das Erscheinen der 0 ist eine sanfte Erinnerung daran, dem Universum zu vertrauen. Sie ist ein Zeichen dafür, dass sich der Kreis geschlossen hat und du eins mit der Quelle bist. Die 0 versichert dir die Anwesenheit deines Engels und ruft dich dazu auf, wachsamer auf die Zeichen des Universums zu achten und die Botschaft des Universums zu beherzigen, wenn sie erscheint.

Wiederholung von 1en - 111; 1111

Die 1 verkörpert die Schwingung der Schöpfung, des Neubeginns und neuer Wege. Das Erscheinen der 1 ist ein Zeichen des Universums, dass du innehalten und dich auf deine Gedanken und Ideen konzentrieren sollst. Sind deine Gedanken positiv oder negativ? Wenn du negativ denkst, arbeite daran, die Gedanken in eine positivere Schwingung zu bringen, und du wirst das manifestieren, woran du denkst, ob negativ oder positiv.

Für die meisten Menschen ist die 111 oder 1111 die Zahl, die sie am häufigsten sehen. Das ist das Universum, das dir zeigt, dass du mit der Quelle im Einklang bist. Es ist ein "Daumen hoch" vom Universum und eine Ermutigung, deine Schwingung hoch zu halten. Sobald du anfängst, die 1 zu sehen, wird es nicht lange dauern, bis du auch andere Engelszahlen wahrnimmst.

2er-Wiederholung - 222; 2222

2 ist die Zahl der Harmonie, und die 2 zu sehen, ist die Art des Universums, dich wissen zu lassen, dass du weitermachen musst, aber du musst geduldig sein, denn deine Manifestation ist auf dem Weg. Das Universum ermutigt dich und gibt dir die Gewissheit, dass deine Bemühungen nicht umsonst sind und dass sich positive Gedanken, eine positive Einstellung und positive Bestätigungen deiner Bemühungen auszahlen werden. Überstürze nichts; konzentriere dich stattdessen auf den langsamen und sicheren Weg zu deinem Ziel.

3er-Wiederholung - 333; 3333

33 steht für den Meisterlehrer, und die 3 bezieht sich bekanntermaßen auf die aufgestiegenen Meister, die großen Lehrer, die es gab. Wenn die 3 auftaucht, erinnert dich das Universum an die enge Präsenz deiner Hüter, die dich lieben und unterstützen. Die 3 ist auch die Zahl der Dreifaltigkeit - Geist, Körper und Seele. Wenn du mit der Ausrichtung

kämpfst, ist die Anwesenheit der 3 ein Aufruf an dich, tiefer in dein spirituelles Selbst einzutauchen, um das Gleichgewicht zu finden, das du brauchst, um deine Manifestation zu verwirklichen. Bei all dem sind deine Hüter in der Nähe und bereit, dir Führung und Unterstützung anzubieten.

4er-Wiederholung - 44; 444; 4444

4 ist die Zahl der Stabilität, und wenn das Universum durch die Wiederholung der 4 kommuniziert, ist das ein Zeichen dafür, dass du sicher bist. Deine Wächter sind überall um dich herum und halten dich in ihrer Liebe und Unterstützung gefangen. Während du daran arbeitest, deine Träume zu verwirklichen, wachen deine Engel über dich und sorgen dafür, dass du in Sicherheit bist. Die sich wiederholenden 4er sind auch eine Ermutigung, ein Aufruf an dich, dir selbst zu vertrauen und deinen Teil zu tun.

5er-Wiederholung - 55; 555; 5555

Wenn du anfängst, 5er zu sehen, macht dir das Universum bewusst, dass eine große Veränderung in deinem Leben bevorsteht. Du bist dazu bestimmt, große Veränderungen zu erleben, die unerwartet schnell eintreten können. Das ist deine Chance, nicht in Angst zu erstarren, sondern deine Begrenzungen abzulegen und in dir selbst zu finden, um durch die Veränderungen zu gedeihen. Finde deine Kraft und Leidenschaft, um dich anzustrengen, und gebe nicht auf.

6er-Wiederholung - 66; 666; 6666

Die Wiederholung der 6 ist ein Zeichen des Universums, dass dein Gleichgewicht gestört ist und du dich zu sehr auf das Materielle konzentrierst. Für viele von uns soll die 666 die Zahl sein, die wir alle meiden, da sie angeblich ein schlechtes Omen bedeutet. Das ist jedoch weit von der Wahrheit entfernt. Die 666 und die sich wiederholenden 6en sind der Weg des Universums, dir mitzuteilen, dass du nach einem Gleichgewicht streben musst. Du vernachlässigst einen Teil von dir, in der Regel die spirituelle Seite, und du musst daran arbeiten, dieses Gleichgewicht wieder zu erlangen, auch wenn du deine Ziele anstrebst. Konzentriere dich auf das Positive und erinnere dich daran, dass du die Unterstützung und Liebe deiner Hüter hast, und alles, was du tun musst, ist, sie um Hilfe zu bitten.

7er-Wiederholung - 77; 777; 7777

Wenn die 7 bei dir erscheint, ist das eine Botschaft des Universums, dass sich deine Bemühungen bald auszahlen werden. Das Universum hat den Weg, auf dem du dich befindest, anerkannt und dir versichert, dass du auf dem richtigen Weg bist. Behalte deine positive Einstellung bei und sei versichert, dass noch mehr gute Dinge auf dich zukommen werden. Bleib auf deinem jetzigen Weg und halte deine Ausrichtung mit deinen Wächtern und dem Universum aufrecht. Du wirst deine Belohnungen erhalten.

8er-Wiederholung - 88; 888; 8888

Wenn das Universum eine sich wiederholende 8 schickt, ist das eine Versicherung, dass Fülle auf dem Weg ist. Es ist die Art des Universums, dich wissen zu lassen, dass deine vergangenen Bemühungen und deine harte Arbeit nicht unbemerkt geblieben sind, und dass du bald die Früchte deiner Arbeit ernten wirst. Dies ist jedoch kein Aufruf, sich zu entspannen und es ruhig angehen zu lassen. Es ist ein Aufruf, die gute Arbeit fortzusetzen, den Kurs beizubehalten und daran zu glauben, dass du die Kraft hast, alle Herausforderungen, die sich dir stellen, zu meistern. Deine Wächter wachen über dich, und du kannst dich immer freuen, wenn du weißt, dass du ihre Unterstützung hast.

Sich wiederholende 9en - 99; 999; 9999

Sich wiederholende 9en sind ein Zeichen des Universums, dass du deinen Lebenszweck leben musst. Du musst dich mit deinem wahren Selbst in Einklang bringen und deine Gaben und Fähigkeiten mit der Welt teilen. Gehe mit gutem Beispiel voran und bahne dir den Weg zu deiner Bestimmung. Das Erscheinen der 9 lässt dich wissen, dass die Zeit für dich gekommen ist, dein volles Potenzial auszuschöpfen. Du musst an dich selbst glauben, dem Universum vertrauen und dich über deine Grenzen hinwegsetzen, um dein Ziel zu erreichen.

Aufsteigende Sequenzen

Wie wir bereits erwähnt haben, ist auch die Anordnung der Ziffern in einer Sequenz wichtig, da sie hilft, die vom Universum gesendeten Botschaften genau zu interpretieren. Jede Ziffer verleiht der Sequenz ihre Schwingung, und es ist zweifellos hilfreich, die Schwingung jeder Ziffer zu untersuchen. Die Platzierung der einzelnen Ziffern beeinflusst jedoch die Gesamtbotschaft der Sequenz. Schauen wir uns einige aufsteigende Sequenzen an, die du vielleicht kennst:

123

Diese Zahl steht für Fortschritt, ein Zeichen des Universums, dass sich dein Leben verändert, ob du dazu bereit bist oder nicht. Die Anordnung der Zahlen zeigt, dass sich diese Veränderung lohnen wird, da sie einen systematischen Fortschritt von einer Manifestation zur nächsten mit sich bringen wird. 123 ist eine schöne Botschaft des Universums, und du musst bereit sein, die Veränderungen anzunehmen und an deine Fähigkeit zu glauben, die Herausforderungen, die sich dir in den Weg stellen, zu überwinden.

1234

1234 ist die Botschaft des Universums, dass du deine Träume verwirklichen wirst. Du hast die Unterstützung der Engel auf deinem Weg, und wenn du die nötige Arbeit leistest, wirst du das, was du zu erreichen suchst, Schritt für Schritt verwirklichen. Die Dinge könnten schwierig werden, aber du musst unnachgiebig bleiben, hart arbeiten, und dein Fortschritt wird deutlich sein.

1212

Diese Zahl ist eine ermutigende Botschaft des Universums, die dich auffordert, nach deinen höchsten Idealen zu streben. Was hast du aufgeschoben, weil du Angst hattest oder nicht bereit warst? Worauf wartest du? Diese Zahl ist ein Zeichen des Universums, dass deine Unternehmungen einen positiven Ausgang haben werden. Du musst also deine Stärke finden, dich auf das Positive konzentrieren und den Sprung wagen. Dein Engel wird immer da sein, um dich zu führen und zu unterstützen.

1919

1919, die Verkörperung von Kreativität und harter Arbeit, ist ein Zeichen des Universums, dass du zwar endlich deinen Weg zu deiner Manifestation finden wirst, dass du aber bereit sein musst für den Weg, der vor dir liegt. Die Reise wird nicht reibungslos verlaufen, und du magst dich fühlen, als würdest du ertrinken, aber das Erscheinen von 1919 ist ein Zeichen des Universums, dass du auf dem richtigen Weg bist und die Kreativität und Ausdauer hast, dich durchzuschlagen. Glaube an dich selbst.

3377

3377 verspricht Frieden in deinem Leben, einen Frieden, der aus deinem unerschütterlichen Vertrauen in das Universum erwächst. Es ist ein Zeichen, das dich auffordert, bereit zu sein, das Gute anzunehmen, das sich in deinem Leben manifestiert. Lasse die Dinge in deinem Leben los, die dich zurückhalten und die dich davon abhalten, dein Potenzial auszuschöpfen. Gebe deinem inneren Frieden den Vorrang und jage nicht so sehr nach materiellen Besitztümern, dass du deine Reise zur spirituellen Erleuchtung vernachlässigst.

456

Ausgehend von der Stabilität der 4, der Freiheit der 5 und der Häuslichkeit der 6 ist 456 das Zeichen des Universums, daß deine Expansion unmittelbar bevorsteht, aber du mußt ein wachsames Auge auf die Beziehungen in deinem Leben haben, denn sie werden sich wandeln. Während du weiter wächst, solltest du die Beziehungen in deinem Leben nicht übersehen und dir die Zeit nehmen, dich um alle Probleme zu kümmern, die auftauchen könnten. Schenke deinen Lieben die Aufmerksamkeit, die sie sich wünschen, denn vielleicht hast du ihre Bedürfnisse übersehen, während du deine Träume verfolgt hast.

456 ist auch die Art des Universums, uns auf andere Zeichen aufmerksam zu machen, die uns den Weg weisen.

4747

4747 ist das Zeichen des Universums, das dich auffordert, dein Leben nicht mehr so fest im Griff zu haben. Du musst dein Bedürfnis, alles in deinem Leben zu kontrollieren, loslassen. 4747 fordert dich auf, die Balance zwischen Kontrolle und Loslassen zu finden. Wenn du darum kämpfst, die Kontrolle über alles zu behalten, zeigt dies, dass du nicht bereit bist, dein Vertrauen in das Universum zu setzen. Entscheide dich, das zu tun, was du brauchst, aber gib dem Universum die Chance, dir zu helfen, indem du die Kontrolle abgibst.

5789

Unsere Gedanken und Überzeugungen spiegeln unsere eigenen Erfahrungen wider, und manchmal fällt es uns schwer, einen Schritt zurückzutreten und zu verstehen, dass auch andere Recht haben könnten. 5789 ist das Zeichen des Universums, dass wir uns einen Moment Zeit nehmen und die Wahrnehmungen anderer berücksichtigen sollten. Wir sind vielleicht zu starr in unseren Gedanken, was unsere Fähigkeit und Chance, Optionen zu erkunden, die unserem großen Ziel dienen könnten, behindert. 5789 ist die Aufforderung des Universums an uns, aufgeschlossener zu sein.

678

678 ist das Zeichen des Universums, dass deine spirituelle Reise

dir sowohl geistigen als auch materiellen Reichtum bringen wird. Durch das Erscheinen dieser Zahl wirst du ermutigt, dich auf dein spirituelles Wachstum zu konzentrieren. Diese Konzentration und Beschäftigung mit deiner spirituellen Seite wird sich auszahlen, also gebe die Hoffnung und den Glauben nicht auf, auch wenn sich dir Herausforderungen in den Weg stellen.

6789

6789 ist die Zahl der Selbstliebe und Selbstakzeptanz. Das Universum ruft dich dazu auf, in dem zu schwelgen, was du bist, und dich so anzunehmen, wie du bist. Es ist ein Zeichen dafür, dass du erkennen sollst, dass du vollständig bist und dass alle Veränderungen, die du anstrebst, nicht aus einer Position des Mangels heraus geschehen sollten, sondern aus dem echten Wunsch heraus, zu wachsen. 6789 ruft dich dazu auf, dich mit dem Göttlichen zu verbinden und deine Zeit deiner spirituellen Reise und deinen Leidenschaften zu widmen.

Absteigende Sequenzen

Absteigende Sequenzen fordern uns in den meisten Fällen dazu auf, unseren Fokus vom Äußeren auf unser Inneres zu richten. Viele Zeichen rufen zur Selbstbeobachtung auf, dazu, dass wir unsere Gedanken, Gefühle und unsere Spiritualität weiterentwickeln, um uns mit dem Göttlichen zu verbinden. Absteigende Sequenzen enthalten immer noch kraftvolle Schwingungen, also lass dich nicht von dem Titel täuschen, dass sie "weniger" als aufsteigende Sequenzen sein könnten.

Lasse uns einige Sequenzen erkunden, auf die du auf deiner Manifestationsreise stoßen könntest:

1010

Die Engelszahl 1010 ist das Zeichen des Universums, dass du einen bedeutenden Wandel erleben wirst und dass sich deine Manifestation mit großer Geschwindigkeit nähert. Du musst jedoch mit deinen Gedanken und Gefühlen vorsichtig sein, denn Negativität wird sich genauso schnell in deiner Realität manifestieren. 1010 fordert dich auf, in dich zu gehen und deine intuitiven Fähigkeiten zu nutzen.

2211

2211 ist der Aufruf des Universums an dich, deinen Fokus auf das zu richten, was du dir wünschst, und dir darüber klar zu werden, was du manifestieren möchtest. Indem du diese Klarheit bekräftigst, bestätigt das Universum deinen Wunsch, auch wenn deine Manifestation bereits im Gange ist. 2211 ermutigt dich auch, aufgeschlossener zu sein und die Dinge aus einer anderen Perspektive zu sehen. Das Universum fordert dich auf, dir selbst zu vertrauen und in deinem Inneren nach

Antworten zu suchen.

2121

Mit der Engelsnummer 2121 teilt dir das Universum mit, dass du eine ruhige Phase deines Lebens erleben wirst. Dies ist ein Aufruf an dich, das Gleichgewicht, das Teil deines Lebens ist, zu umarmen und zu schätzen und Dankbarkeit für die Segnungen auszudrücken, die du bisher vom Universum erhalten hast.

321

321 ist die Erinnerung des Universums daran, dass du göttliche Führung hast und dass du diese Führung annehmen musst, auch wenn die Dinge in deinem Sinne laufen. 321 ist auch der Aufruf des Universums an dich, die Vergangenheit und Dinge, die deiner Manifestation nicht dienlich sind, loszulassen. Lass die Negativität und die Dinge los, die dich zurückhalten. So kannst du Platz schaffen für die Chancen und Segnungen, die das Universum dir schickt.

432

432 ist die Zusicherung des Universums, dass göttliche Hilfe für dich da ist, wenn du dich Herausforderungen stellst und sie meisterst. Selbst wenn du Fehler machst, kannst du dich auf die göttliche Führung stützen, die dir hilft, Wiedergutmachung zu leisten und die neue Situation zu meistern. 432 ruft dich jedoch

dazu auf, die negative Energie loszulassen, die dich im Würgegriff hat, da sie dich daran hindert, deine Manifestation zu verwirklichen. Achte auf deine wiederkehrenden Gedanken, Gefühle, Träume und Visionen, und richte deinen Fokus auf deine kreativen Bemühungen.

4321

4321 ist der Aufruf des Universums an dich, die Negativität loszulassen, die dich an deiner Manifestation hindert. Das Universum bittet dich, die Dinge loszulassen, die dich daran hindern, deine Träume zu verfolgen. Du musst deinen Weg nach Hause finden, nach Hause zur Schöpfung, die von der Zahl 1 verkörpert wird. Deine Hüter stehen hinter dir, und obwohl es beängstigend sein mag, das Bequeme loszulassen und nach dem Unbekannten zu greifen, kannst du keinen Fortschritt erzielen, ohne ein paar Schichten abzulegen, die du im Laufe deines Lebens angesammelt hast. Wage den Sprung und kehre zur Schöpfung zurück.

5322

Diese Zahl ist ein Zeichen für Heilung und spirituelles Wachstum. Es ist die Botschaft des Universums, dass du deinen Weg durch deine Verletzungen und deinen Schmerz finden und Heilung, Glück und Frieden finden kannst. Dieser Heilungsprozess kann langsam und schmerzhaft sein, und das Universum wird dir immer zeigen, dass deine Wächter bei dir sind und dir Unterstützung und Hilfe anbieten. Heilung und spirituelles Wachstum brauchen Zeit, also musst du dich in Geduld üben, während du kleine Schritte auf deinem Weg machst. Gebe nicht auf, wenn es schwierig wird; stütze dich stattdessen auf deinen Engel. Erlaube deinen Beschützern, dir zu helfen, wenn du deine Welt für mutigere, glücklichere und entspanntere Erfahrungen öffnest.

654

Mit dieser Zahl ruft das Universum dich auf, deiner Intuition und der Führung der intuitiven Botschaften zu folgen, die du über die Veränderungen in deinem Leben erhalten hast. Diese Veränderungen sollen dich dazu bringen, deine Segnungen, Belohnungen und Gebete zu manifestieren. Das Erscheinen von 654 ist die Zusicherung des Universums, dass deine Bemühungen, deine Manifestationen zu erreichen, nicht umsonst gewesen sind. Deine Bemühungen haben neue Gelegenheiten und Umstände manifestiert, und es ist an der Zeit, dem Universum zu vertrauen, wenn es dir die Veränderungen aufzeigt, die du vornehmen musst. Drücke deine Dankbarkeit gegenüber der göttlichen Quelle aus, wenn diese Zahl erscheint, und bleibe während der Manifestation der Veränderungen positiv.

875

875 ist das Zeichen des Universums, dass du langsamer machen,

eine Pause einlegen und dein Gleichgewicht finden sollst. Es ist die Erinnerung des Universums, dass sich deine Manifestation entfaltet und eine Warnung, dass drastische Veränderungen das Ergebnis deiner Manifestation beeinflussen können. Nimm dir diese Zeit, um deinen Körper und deinen Geist zu nähren und das dringend benötigte Gleichgewicht zwischen Geist, Körper und Seele zu finden, das die Ausrichtung auf die göttliche Quelle fördert. Diese Zahl bittet dich, dich zu mäßigen und dein Streben nach dem Materiellen zu verlangsamen.

8750

Die Zahl 8750 ist eine Botschaft des Göttlichen, dass du deinen Fokus vom Äußeren abwenden und dich stattdessen nach innen wenden sollst, um Antworten zu finden. 8750 fordert uns auf, eine Gewohnheit zu entwickeln, über die Entscheidungen und Wahlmöglichkeiten, die wir treffen, nachzudenken, nicht um Fehler aufzuzeigen oder unsere Größe hervorzuheben, sondern um uns mit unseren Lebensentscheidungen zu verbinden. Diese Zahl lässt dich auch wissen, dass es in Ordnung ist, Zweifel zu haben, aber du solltest dich nicht in ihnen suhlen. Deine Zweifel sind ein Zeichen dafür, dass du die göttliche Quelle um Führung bitten musst.

Wir können niemals alle im Universum vorhandenen Sequenzen und Kombinationen erforschen, denn sie sind so unermesslich wie die unendliche Existenz der göttlichen Quelle. Stattdessen werde ich dir die Werkzeuge an die Hand geben, mit denen du die Sequenzen interpretieren kannst, die dir vielleicht erscheinen und die wir in diesem Buch nicht behandelt haben. Im nächsten Kapitel werden wir erkunden, wie man Sequenzen interpretiert, und wir werden einen Blick auf ein paar weitere Zahlen werfen, die häufiger auftauchen.

Zusammenfassung

In diesem Kapitel haben wir uns damit beschäftigt:

- Die Vibration der Meisterzahlen

- Die sich wiederholenden Schwingungssequenzen, von sich wiederholenden 1en bis zu sich wiederholenden 9en

- Die Vibration aufsteigender Sequenzen, einschließlich Beispielen für häufig vorkommende aufsteigende Sequenzen

- Die Vibration der absteigenden Sequenzen, einschließlich Beispiele für häufig vorkommende absteigende Sequenzen

KAPITEL 7

Zahlen interpretieren

"Leider ist keine unserer göttlichen Offenbarungen mit
Fußnoten oder Erklärungen versehen."

~ Imam Jamal Rahman

Wir haben in diesem Buch schon ein paar Mal aufgezeigt, wie
man Engelszahlen interpretiert, aber lass mich noch einmal
darauf eingehen, damit wir mehr Zahlen erforschen und sehen
können, wie du Wege finden kannst, Engelszahlen zu
interpretieren, die nicht oft vorkommen. Wenn du lernst, der
göttlichen Quelle bedingungsloser zu vertrauen und deiner
intuitiven Führung zu folgen, wird die Deutung der Zahlen
einfacher werden. Das liegt nicht daran, dass du dich daran
gewöhnt hast, Engelszahlen zu sehen, sondern daran, dass dein
Geistführer die Botschaft fast immer in deine Seele flüstert.
Wenn ich heutzutage Engelszahlen sehe, dauert es nie lange, bis
ich herausfinde, was die göttliche Quelle mitteilt. Wenn
Engelszahlen erscheinen und du ein bewusstes Leben und
intuitive Führung angenommen hast, bist du dir immer bewusst,

was das Universum dir mitteilen will. Du bist dir bereits bewusst, womit du kämpfst und welche Fragen du gestellt hast, und die Engelszahlen versichern dir, dass die Unterstützung des Universums verfügbar ist. Wenn du dir also einen Moment Zeit nimmst, um über die Zahl nachzudenken, kannst du die Ruhe deiner Seele spüren, während du die Botschaft entschlüsselst.

Ich liebe es, Engelszahlen zu sehen, denn ich scheine immer eine neue Lektion zu finden, wenn ich in mich hineinschaue. Ich finde Bereiche in meinem Leben, die ich vernachlässigt habe, Lektionen, die ich vergessen habe, oder Segnungen, die ich irgendwie übersehen habe. Lass uns herausfinden, wie du die Zahlen, die dir erscheinen, interpretieren kannst:

Vorteile einstelliger Zahlen

Die Interpretation von einstelligen Zahlen ist einfach, was das Verständnis dieser Interpretationen für die Interpretation aller anderen Zahlen, die erscheinen, unerlässlich macht. Wir haben bereits die Schwingungen der einstelligen Zahlen erforscht, also denke bitte daran, sie oft zu Rate zu ziehen, auch wenn du denkst, dass du das nicht brauchst.

Wiederholung von Zahlen

Wenn sich eine Zahl in der Engelszahlenfolge wiederholt, ist ihre Schwingung die Essenz der Botschaft. Diese Wiederholung muss aber nicht sequentiell sein. Auch die Deutung von sich wiederholenden Zahlen ist relativ einfach, da du dich nur auf die Schwingungen der einzelnen Zahlen konzentrieren musst, die in der Sequenz enthalten sind.

Um zum Beispiel 15:15 zu deuten, musst du nur die Schwingung von 1 und 5 verstehen. Von hier aus weißt du, dass das Universum dir versichert, dass dein neuer Weg oder deine neue Schöpfung Abenteuer und Freiheit in dein Leben bringen wird. Es ist eine Zusicherung, dass dein neuer Weg sich lohnen wird, da er dir eine neue Seite von dir zeigen und dich von dem befreien wird, was dich bisher zurückgehalten hat.

Auf die gleiche Weise kommuniziert 11:55 immer noch, dass dein neuer Weg in die Freiheit führen wird, aber die Botschaft wird verstärkt, und deine Manifestation wird wirkungsvoller sein. Das liegt daran, dass die kombinierte Schwingung der Ziffern die Kraft der Manifestation verstärkt. 11:55 bedeutet, dass du große Veränderungen erwarten solltest und dass du die Unterstützung des Universums annehmen musst, wenn sich diese Veränderungen manifestieren.

Es sind diese scheinbar winzigen Verschiebungen, die die Engelszahlen so magisch machen und die Interpretation für jeden von uns einzigartig. Nehmen wir noch einmal 11:55 und stellen uns vor, du arbeitest gerade an einem schwierigen Projekt oder hast turbulente Gefühle. Das Erscheinen von

11:55 ist eine Botschaft der Zuversicht des Universums, eine Erinnerung daran, dass du etwas Neues erschaffst, und dass es sich lohnen wird. Es ist eine Aufforderung, standhaft zu bleiben und nicht aufzugeben. Wenn dein Leben seit einiger Zeit stagniert und du 11:55 Uhr siehst, ist dies ein Aufruf des Universums, dich auf einen neuen Weg vorzubereiten. Der Wandel kommt, und mit ihm die Überraschungen der Zahl 5, was bedeutet, dass du dich auf das vorbereiten musst, was auf dich zukommt. Deshalb sind unsere Situationen und Umstände bei der Deutung der Engelzahlen von Bedeutung. Du kannst die Interpretationen aus dem Internet nutzen, aber du wirst dich bald mehr auf deine intuitive Interpretation verlassen.

Gemischte Zahlen

Gemischte Zahlen sind etwas schwieriger zu erkennen, und wir werden nur dann auf sie aufmerksam, wenn sie wiederholt auftauchen. Vor einiger Zeit tauchte die Zahl 1936 immer wieder auf. Ich benutze das 24-Stunden-Format, und etwa zwei Wochen lang fühlte ich mich von der Uhrzeit 19:36 angezogen. Die ersten beiden Male fiel es mir nicht wirklich auf. Als es das dritte Mal passierte, war ich mir sicher, dass ich mich an die Ziffern falsch erinnert hatte. Also bat ich das Universum um Klarheit, und zwei Tage später belief sich mein Lebensmitteleinkauf auf 19,36 Dollar, nachdem ich ein paar Gutscheine verwendet hatte. Das hätte ich auf keinen Fall gefälscht, und ich gab mich mit dem Glück zufrieden, die Botschaft des Universums erkannt zu haben.

Ich hatte solche gemischten Zahlen schon einmal gesehen, aber es war schon eine ganze Weile her. Damals war das Auftauchen von 3 und 6 irgendwie erwartet worden, da ich mehr über meine Beziehungen und emotionalen Reaktionen nachgedacht hatte. Bei 1 und 9 wusste ich jedoch, dass ich endlich an der Schwelle zu einem großen Durchbruch stand. Zu dieser Zeit kämpfte ich mit dem Mitgefühl gegenüber einigen Familienmitgliedern. Eine meiner Tanten machte eine schwere Zeit durch, aber es fiel mir schwer, Mitgefühl zu zeigen oder Freundlichkeit zu zeigen, weil sie so viele "schlimme Dinge" getan hatte. Als ich von ihrer schweren Zeit erfuhr, war mein erster Gedanke: "Geschieht ihr recht". Ich schrieb das alles dem Karma zu, der Rache für all den Schmerz und das Elend, das sie fast allen Familienmitgliedern zugefügt hatte.

Als ich jedoch einem meiner Freunde all die "bösen" Taten erzählte, die sie begangen hatte, um meinen Mangel an Empathie zu rechtfertigen, wurde ich von einer enormen Schuldwelle überrollt. Ich ertrank in den trüben Tiefen dieses Gefühls und brach in Tränen aus. Ich musste das Gespräch beenden und mich auf der Couch zusammenrollen. Ich weinte mich in den Schlaf, und als ich aufwachte, zeigte die Uhr 00:36. Und ich wusste es einfach. Mit den doppelten Nullen wurde die Schwingung von 3 und 6 verstärkt, und ich ging einfach an meinen Schreibtisch und schrieb in mein Tagebuch. Ich schrieb alles auf, was ich über meine Tante empfand, alles, was ich als Unrecht empfand, und schloss mit der Frage: "Ist das nicht ein Grund mehr, mitfühlend zu sein?"

Etwa einen Monat später begann ich, 19:36 zu sehen, und ich begriff, dass sich mein Nachdenken, meine Selbstbeobachtung und meine Arbeit auszahlten. Ich hatte getan, was ich konnte, um meiner Tante zu helfen, trotz der nachklingenden Bitterkeit, die noch in meiner Seele steckte.

In vielen Fällen tauchen gemischte Zahlen nicht einfach aus heiterem Himmel auf. Stattdessen bauen diese Sequenzen auf früheren Sequenzen auf, was es einfacher macht, sie zu erkennen. Du wirst zum Beispiel schon mehrere 6en gesehen haben, bevor das Universum dir die Zahlenfolge 1236 schickt. In anderen Situationen haben die einzelnen Zahlen, auch wenn sie scheinbar nicht zusammenhängen, eine Beziehung zueinander, die sie einzigartig genug macht, um sich in deinem Gedächtnis einzuprägen. Bei 1936 zum Beispiel sind 6 und 9 ein Vielfaches von 3. Und da meine Engelszahl überwiegend aus sich wiederholenden 1en besteht, war es klar, dass ich das bemerken würde.

Wenn du die gemischte Sequenz entdeckt hast, kannst du sie auf verschiedene Weise interpretieren:

Reduktion der Sequenz auf ihre einzelne Stelle

Dies ist vergleichbar mit dem Prozess der Bestimmung unserer Lebensweg- und Schicksalszahlen. Wenn es sich bei deiner Engelszahl um eine unbekannte gemischte Sequenz handelt, hilft dir die Reduzierung der Sequenz auf ihre einzelne Stelle, um ihre umfassende Schwingung zu verstehen. Zum Beispiel;

1936 reduziert sich auf $1 + 9 + 3 + 6 = 19$

19 reduziert sich auf $1 + 9 = 10$; $1 + 0 = 1$

Die umfassende Schwingung der Engelszahl 1936 ist die der Zahl 1, die für neue Anfänge, Schöpfung und eine neue Richtung auf deiner Reise steht. Wenn du deine Engelszahlen auf diese Weise interpretierst, erhältst du einen Einblick in die Botschaften, die das Universum sendet, und obwohl es in Ordnung ist, wenn du dort stehen bleibst, könntest du die Botschaft nicht in ihrer Gesamtheit verstehen.

Fokussierung auf die Vibration der einzelnen Ziffern der Sequenz

Ich liebe diese Methode, denn so habe ich mir beigebracht, die Schwingungen der einzelnen Zahlen zu verstehen, ohne immer wieder auf meine Notizen zurückgreifen zu müssen. Diese Methode hat mir auch geholfen, meine Beziehungen zu den Schwingungen der einzelnen Zahlen zu verstehen, und meine Interpretationen haben sich besser auf meine Situationen abgestimmt. Das brauchte Zeit und wurde durch die

Ausrichtungsarbeit möglich, die ich gemacht habe, um Wege zu finden, mit dem Universum im Einklang zu sein.

Bei dieser Methode konzentrierst du dich auf die Schwingungen der einzelnen Ziffern und entschlüsselst daraus die Gesamtbotschaft. Nehmen wir wieder das Jahr 1936;

1 - Neue Anfänge, Schöpfung, einen neuen Weg einschlagen.

9 - Empathie, Altruismus, Mitgefühl, Erfahrung.

3 - Kommunikation, Selbstdarstellung, Kreativität.

6 - Häuslichkeit, Fürsorge für andere, Fürsorge.

Die Interpretationen, die wir aus diesen Schwingungen ziehen, werden für jeden einzelnen von uns anders ausfallen. Wenn du die Schwingungen hast, nimm dir Zeit, sie zu betrachten und die Verbindung zwischen den Schwingungen und deinen Erfahrungen zu finden. Für mich bestand die Botschaft darin, jemandem Mitgefühl zu zeigen, der es meiner Meinung nach nicht verdient hat.

Es ist wichtig, dass du dir die Zeit nimmst, zu meditieren und in dich zu gehen, wenn deine Engelsnummer erscheint, denn selbst wenn du dieselbe Nummer bekommst, werden deine Erfahrungen nicht jedes Mal gleich sein. Die Nuancen in den Botschaften verändern sich, um zu dem zu passen, was du in diesem Moment bist. Schreibe dir deine Engelszahldeutungen auf, und du wirst die Schwingungen jedes Mal leichter verstehen.

Fokussierung auf die Verbindung der Schwingungen der Sequenz

Je mehr ich die bisherige Methode anwandte, desto mehr hatte ich das Gefühl, dass bei meinen Interpretationen etwas fehlte. Ich machte zwar Fortschritte, aber es schien, als würde ich mit unvollständigen Informationen arbeiten. Ich war oft ratlos und unsicher, wie ich vorgehen sollte. Als ich begann, achtsam Tagebuch zu führen, bemerkte ich, wie sich meine Erfahrungen mit meiner Ausrichtung veränderten. Ich war mehr im Einklang mit meinen Gefühlen, und selbst wenn ich wiederkehrende Sequenzen sah, konnte ich einen Unterschied in den Botschaften spüren, die ich verstand. Bei den sich wiederholenden Sequenzen ging es weniger um die einzelnen Zahlen als vielmehr um die Schwingungsverschiebung, die ich erlebte, wenn ich sie sah.

Da wurde mir klar, dass sich meine Interpretationen unvollständig anfühlten, weil ich nicht bedacht hatte, wie die Schwingungen in den einzelnen Sequenzen zueinander in Beziehung stehen. Denke daran, wie sich dein Auftreten, deine Sprache und dein Verhalten subtil verändern, je nachdem, mit wem du zusammen bist. Das Gleiche geschieht mit den Schwingungen der einzelnen Ziffern. Sie fügen sich zu einer Grundschwingung zusammen, aber es gibt immer noch

Verschiebungen und Veränderungen in jeder Schwingung, die jedes Mal neue Interpretationen der Botschaft hervorbringen. Bei meinen Interpretationen berücksichtige ich die Grundschwingung, die individuelle Schwingung und wie diese Schwingungen miteinander und mit meiner Schwingung verbunden sind.

Nehmen wir wieder 1936. Die Schwingungen von 9 und 6 verkörpern Emotionen der Pflege und des Mitgefühls, während 3 den Selbstausdruck und die Kommunikation umfasst. 1 ist die Zahl der Schöpfung. Da 1 die erste Schwingung ist, verspricht das Universum, dass etwas Neues kommen wird. Von hier aus färbt deine Erfahrung den Rest der Schwingung. Für mich war diese Engelszahl eine Botschaft der Ermutigung aufgrund der inneren Arbeit, die ich bereits geleistet hatte, ein Aufruf an mich, der Person, die ich nicht bereit war, Mitgefühl und Fürsorge zu zeigen. Ich musste mich dafür entscheiden, mein Mitgefühl mitzuteilen, etwas, das ich vorher nie getan hatte. Letztendlich schuf ich eine neue Beziehung zu meiner Tante, eine Beziehung voller Mitgefühl und gesunder Grenzen, die es mir ermöglichte, meine Familie zu schützen.

Die Deutung von Engelszahlen ist eine aufregende Erfahrung, die Spaß macht, und sie sollte als ein Abenteuer und nicht als eine Verpflichtung betrachtet werden. Aufgrund deiner Schwingungsausrichtung mit der göttlichen Quelle wird Frustration kontraintuitiv sein, da sie deine Schwingung senkt.

Begib dich also mit offenem Geist, Herz und Seele auf deine Interpretationsreise. Erlaube dem Schwung deiner Schwingung, deine Interpretation zu leiten, und genieße die Reise, denn die Manifestation entfaltet sich bereits.

Zusammenfassung

In diesem Kapitel haben wir uns damit beschäftigt:

- Die Interpretation der Schwingungen einzelner Stellen

- Die Interpretation von sich wiederholenden Sequenzen

- Die drei Arten der Interpretation der Vibration von gemischten Sequenzen

KAPITEL 8

Engelszahlen und Manifestieren

"Es ist unbegrenzt, was das Universum bringen kann, wenn du das
große Geheimnis verstehst, dass Gedanken zu Dingen werden."
~ Fearless Soul; Nicholas Macri (Songwriter)

Wenn du bereits Erfahrung mit dem Gesetz der Anziehung
hast, ist das Konzept der Manifestation nicht neu für dich. Im
Wesentlichen ist Manifestation die Prämisse, dass "**Deine
Gedanken deine Realität erschaffen**". Manifestation
bedeutet, dass deine Gedanken in deinen Erfahrungen in der
physischen Welt kulminieren. Ich werde den
Manifestationsprozess kurz rekapitulieren, bevor ich darauf
eingehe, wie du Engelszahlen nutzen kannst, um deine
gewünschte Realität zu manifestieren.

Manifestieren deine gewünschte Realität - Anleitung

Der Prozess der Manifestation deiner Wünsche kann auf den

ersten Blick einfach erscheinen, aber jeder, der sich in diese Praxis vertieft hat, weiß, dass es eine Menge zu tun gibt. Wenn du jemals die Worte "stille Wasser sind tief" gehört hast, dann glaube bitte, dass dies voll und ganz auf den Manifestationsprozess zutrifft. Lass uns erforschen, was Manifestation bedeutet:

Bringe deinen Wunsch klar und deutlich zum Ausdruck

Der erste Schritt bei der Manifestation ist die Frage. Was ist es, das du dir wünschst? Du kannst jedoch nicht einfach eine vage Bitte äußern. Du musst deinen Wunsch klar definieren, und je mehr Details du hinzufügen kannst, desto besser. Um "Überfluss" zu bitten, ist zwar lobenswert, aber zu allgemein und vage. Es ist jedoch viel besser, um einen Job zu bitten, der es dir ermöglicht, sowohl finanziell als auch gesellschaftlich komfortabel zu leben. Wenn du dir nicht sicher bist, was du dir am meisten wünscht, nimm dir Zeit, um über dein Leben nachzudenken. Schreibe mit Stift und Papier auf, wie du leben willst, was du dafür brauchst und wie du es erreichen kannst. Von hier aus wird es leichter sein, deine wahren Wünsche herauszufinden.

Achte bei diesem ersten Schritt darauf, dass du dich nicht von äußeren Kräften beeinflussen lässt. Lass dich nicht von gesellschaftlichen Vorstellungen, Gefühlen von Eifersucht und Neid oder sogar von deinem Glauben, dass du "jetzt schon" etwas erreicht haben müsstest, unter Druck setzen.

Konzentriere dich vielmehr auf das, was du bist, auf deine eigene Seele und deinen Instinkt. Bei deiner Selbstbeobachtung wirst du deine wahren Sehnsüchte entdecken, und diese sollten die Triebfeder für deine Wünsche sein.

Setze deine Absichten

Wie wir in diesem Buch bereits mehrfach erwähnt haben, ist die Ausrichtung der Schwingungen für die Manifestation deiner Wünsche von wesentlicher Bedeutung. In dieser Phase des Manifestationsprozesses musst du auf deine Gedanken, Worte und Überzeugungen achten. Wenn du deine Absichten festlegst, musst du kraftvolle Aussagen machen, um deine Schwingung zu erhöhen und auf deine Wünsche zu fokussieren. Deine Schwingung sollte mit dem Wunsch übereinstimmen und sich ihm nicht widersetzen.

Nehmen wir an, du möchtest bei deiner Arbeit befördert werden. In diesem Stadium sollten deine Gedanken deinen Glauben an deine Fähigkeiten widerspiegeln, diese Rolle gut auszufüllen. Wenn deine Gedanken jedoch mit Beispielen gefüllt sind, warum du die Beförderung nicht bekommen würdest oder wie sehr dir die Fähigkeiten im Vergleich zu einem anderen Kollegen fehlen, wird deine Schwingung die eines Mangels sein. Dein Wunsch und deine Überzeugungen stehen im Widerspruch zueinander, was deine Chancen, die gewünschte Realität zu manifestieren, ziemlich zunichte macht. Stattdessen wird deine Realität deine Gedanken widerspiegeln, d.h. du wirst eine Realität leben, die deinen Mangel an Fähigkeiten und deine Unfähigkeit, die neue Aufgabe zu bewältigen, bestätigt.

Die Formulierung deiner Absichten ist der schwierigste Teil der Manifestation, denn sie erfordert deine unablässige Konzentration auf die Inhalte deines Geistes. Halte deine Gedanken positiv, und wenn dir das schwerfällt, nutze die Hilfe von Affirmationen, Visualisierung, Tagebuchführung, Dankbarkeit und Meditation. Ziel ist es, eine Übereinstimmung mit dem Universum und deiner gewünschten Realität zu erreichen.

Inspirierte Maßnahmen ergreifen

Wenn du deine Absichten und Schwingungen im Griff hast, ist es nun an der Zeit, deinen Teil zu tun. Inspiriertes Handeln bedeutet, die notwendigen Schritte zu unternehmen, um deinen Traum zu verwirklichen. Und genau hier haben die Engelzahlen den größten Einfluss. Engelzahlen sind mächtige Werkzeuge der Führung und Klarheit, was sie zu großartigen Begleitern macht, wenn es darum geht, den Weg zu gehen, der dich zu deinen Wünschen führt. Die Botschaften, die durch Engelzahlen übermittelt werden, bestätigen in der Regel, dass wir uns auf dem richtigen Weg befinden, warnen vor Schwierigkeiten, bieten Unterstützung in schwierigen Zeiten, ermutigen zum Weitermachen und führen uns auf neue Wege und Richtungen.

Inspiriertes Handeln und Absichten wirken gleichzeitig, da deine Schwingungsausrichtung es dir erlaubt, dich auf die Kraft des Universums zu stützen, während du dein Bestes tust, um deinen Traum zu verwirklichen. Die Ausrichtung macht die Engelszahlen sichtbar, und deine Handlungen müssen die Führung des Universums verkörpern, damit sich deine Wünsche manifestieren können.

Vertrauen und Loslassen

Als ich zum ersten Mal sah, dass das Loslassen Teil des Manifestationsprozesses ist, war ich verwirrt. Hatte ich nicht gerade erst in der zweiten Phase meine Absichten festgelegt? Doch je mehr man übt, desto mehr erkennt man, wie wichtig das Loslassen für den Manifestationsprozess ist. Im Manifestationsprozess ist das Loslassen ein Zeichen dafür, dass du dem Universum vertraust, deinen Wunsch zu verwirklichen. Wenn du dich auf die Manifestation konzentrierst und dich ständig fragst, wann sie eintreten wird, verzerrst du deine Schwingung. Das wiederum macht es dem Universum schwerer, deinen Wunsch zu erfüllen, weil deine ängstliche Erwartung zwangsläufig Zweifel in deinem Geist weckt. Dies ist ein zerstörerischer, sich selbst nährender Kreislauf, der deine Manifestation in Schach hält, was wiederum mehr Frustration in dir erzeugt und deine Schwingung weiter verdreht.

Loslassen bedeutet, darauf zu vertrauen, dass das Universum deine Wünsche erfüllen wird, wenn es ihm gefällt - und das ist in der Regel der richtige Zeitpunkt. Loslassen bedeutet, dass du dich auf die Reise konzentrierst, die Arbeit genießt, die du tust, die Anstrengungen, die du unternimmst, und Dankbarkeit für alles ausdrückst, was das Universum dir bisher gewährt hat. Das Loslassen der Manifestation bedeutet, dass du Vertrauen in die Macht und Bereitschaft des Universums hast, deinen Wunsch zu erfüllen.

Manifestieren mit Engelszahlen - Die Grundlagen

Genauso wie Tagebuchführung, Meditation, Visualisierung und das Praktizieren von Dankbarkeit deiner Schwingung mehr Kraft verleihen und bei der Manifestation helfen, sind Engelszahlen ein mächtiges Werkzeug in deinem Manifestationsarsenal. Engelszahlen verleihen den Schritten zwei und drei der Manifestation immense Kraft, da sie helfen, deine Absicht zu fokussieren und deine Handlungen zu lenken. Engelszahlen erscheinen immer dann, wenn wir uns im Einklang befinden, aber du kannst das Universum um Hilfe bitten, wenn du einen brennenden Wunsch hast, den du manifestieren möchtest und alle Hilfe brauchst, die du bekommen kannst.

- **Bitte deinen Schutzengel um Hilfe**

Wenn du etwas brauchst, ist der erste Schritt, zu fragen. Das

Universum ist immer bereit, unsere Fragen zu beantworten und unsere Bitten zu erfüllen, und du solltest nicht zögern, dich zu melden. Das Erscheinen von Engelszahlen beruhigt uns, zerstreut unsere Ängste und gibt uns die Gewissheit, dass die göttliche Quelle hinter uns steht. Wenn du die Zusicherung des Universums brauchst, während du auf deine Manifestation hinarbeitest, solltest du nicht das Gefühl haben, dass dieses Bedürfnis einen Schatten auf deine Schwingung wirft. Lehn dich in dieses Gefühl hinein und bitte das Universum um Führung. Du kannst um das Erscheinen einer bestimmten Zahl bitten, oder du kannst das Universum bitten, dir den Weg zu zeigen.

- **Halte Ausschau nach sich wiederholenden Zahlenfolgen**

Sobald du gefragt hast, musst du wachsam bleiben. Arbeite weiter daran, deine Schwingung mit dem Universum in Einklang zu bringen, und verliere nicht die Hoffnung, wenn du die Sequenzen nicht sofort siehst. Arbeite weiter und achte auf alle sich wiederholenden Zahlenfolgen, denen du begegnest.

Vertraue darauf, dass das Universum auf deine Bitte reagieren wird, und sei nicht frustriert, wenn das Erscheinen der Engelszahlen Zeit braucht. Wenn du das Gefühl hast, keine Engelszahlen mehr zu sehen, lies Kapitel vier, um dich wieder mit den Gründen vertraut zu machen, warum die Engelszahlen nicht erscheinen, und wie du dein Bewusstsein erhöhen kannst.

- **Nutze die Interpretationen der empfangenen Engelszahlen, um deine Absichten zu fokussieren**

Das Erscheinen von Engelszahlen ist die Zusicherung des Universums, dass deine Bitte angekommen ist und dass es der richtige Zeitpunkt ist, dir Führung zukommen zu lassen. Wenn du die Mitteilung des Universums erhalten hast, nimm dir Zeit, die Botschaft zu interpretieren, und nutze die Interpretation, um deinen Fokus zu stärken. Ganz gleich, ob es sich um eine Botschaft der Führung, der Unterstützung oder der Warnung handelt, erfreue dich an der Tatsache, dass die göttliche Quelle bei dir ist und dass dein Engel dir den Rücken freihält, ganz gleich, was du gerade erlebst.

- **Vertraue weiterhin darauf, dass die Engel in deiner Ecke stehen**

Während sich deine Manifestation entfaltet, verliere nicht den Glauben an die göttliche Quelle und deine(n) Schutzengel. Das Universum unterstützt dich immer, auch wenn es im Moment nicht so scheint. Stütze dich weiterhin auf die göttliche Hilfe, und wenn sich Zweifel einzuschleichen drohen, erinnere dich daran, dass dein Engel dich niemals im Stich lassen oder in die Irre führen wird. Der Glaube und das Vertrauen in die göttliche Quelle ist die Luft, die die Glut deiner Manifestation nährt, selbst wenn Frustration und Zweifel deine Ausrichtung bedrohen.

Manifestieren mit Engelszahlen - Rituale

Aufgrund der Deutungen, die mit bestimmten Engelszahlen verbunden sind, werden sie mit verschiedenen Erscheinungsformen in Verbindung gebracht. Zum Beispiel ist die Zahl 8 hauptsächlich mit Reichtum verbunden - normalerweise mit finanziellem Reichtum. Die 6 wird hauptsächlich mit Häuslichkeit und damit mit romantischer Liebe in Verbindung gebracht. Die 1 ist die Zahl der Veränderungen und Neuanfänge, während die 7 für spirituelles Wachstum steht. Du kannst auch bestimmte Rituale in deine Manifestationsreise einbeziehen, um das Erscheinen von Engelszahlen zu fördern, deren Deutungen deinem Wunsch entsprechen.

- **Papier und Kissenmethode**

Dazu nimmt man einen Stift und Papier und schreibt, ohne den Stift anzuheben, die gewünschte Engelszahl immer wieder auf, bis die Seite gefüllt ist. Beim ersten Mal sollte sich die Zahl über das gesamte Papier erstrecken, und dann zeichnest du einfach weiter, bis du die Seite gefüllt hast. Manche Zahlen lassen sich leichter nachzeichnen als andere, sei also geduldig und überstürze den Prozess nicht. Diese Konzentration hilft, deine Schwingung zu erhöhen und zu fokussieren, wodurch deine Manifestation näher rückt.

Sobald das Papier gefüllt ist, falte es ordentlich und lege es unter

135

dein Kopfkissen. Schlafe eine Woche lang mit dem Papier unter deinem Kopfkissen, und deine Manifestation wird sich entfalten.

● **Lade dein Handgelenk auf**

Wenn du so bist wie ich, schaust du unzählige Male am Tag auf dein Handgelenk. Wenn also etwas darauf geschrieben steht, wirst du die meiste Zeit deines wachen Tages davon angezogen. Das bedeutet, dass das Geschriebene in deinem Kopf dominiert und deine Absichten fokussiert. Wenn du dir eine Engelszahl auf dein Handgelenk schreibst, kannst du die Energie ins Universum senden oder dich dafür öffnen, die Energie zu empfangen. Wenn deine Absicht darin besteht, eine Schwingung der Liebe in das Universum zu senden, schreibe die Engelszahl, die mit der Liebe assoziiert wird - 6, 222, 212, 33, usw. - auf dein dominantes Handgelenk. Wenn dein Wunsch ist, Liebe zu empfangen, schreibe die Zahlenfolge auf dein nicht-dominantes Handgelenk. Welchen Wunsch du auch immer hast, das Aufladen deines Handgelenks ist eine großartige Möglichkeit, deine Schwingungsausrichtung zu erhöhen und deine Absicht zu fokussieren.

● **Lade dein Wasser (oder Getränke) auf**

Auch deine Wasserflasche oder Getränkebehälter können dir dabei helfen, deine Absichten zu formulieren. Schreibe deine gewünschte Engelszahl auf den Behälter oder die Flasche und segne das Getränk, bevor du es zu dir nimmst. Auf diese Weise lädst du das Getränk mit deiner gewünschten Absicht auf und erhöhst deine Schwingung jedes Mal, wenn du aus dem Behälter oder der Flasche trinkst.

- **Veröffentliche die Zahlen an relevanten Stellen**

Wahrscheinlich bist du schon einmal auf Texte gestoßen, die dich dazu ermutigen, Affirmationen an Spiegeln oder Orten anzubringen, die du mehrmals am Tag betrachtest. Dies funktioniert auf die gleiche Weise. Wenn du die Zahlen an den entsprechenden Stellen anbringst - z. B. einen Post-it-Zettel auf deinem Computer mit den Zahlen 4, 404 oder 22 für Struktur und Disziplin bei der Arbeit oder die Zahlen 8 oder 808 in deiner Brieftasche für finanziellen Reichtum -, werden deine Absichten aufgeladen und du kannst deine Schwingung auf deine Wünsche ausrichten.

- **Engelszahlen als Mantra**

Wiederholung ist eine großartige Methode, um deinen Geist auf etwas zu konzentrieren und es zu verinnerlichen. Die Wiederholung von Engelszahlen als Mantras (im Kopf oder laut) fokussiert deine Schwingung auf diesen Wunsch und lädt deine Schwingung so auf, dass sie sich mit der gewünschten Manifestation deckt. Noch wirkungsvoller wird es, wenn du das Mantra in einem meditativen Zustand beginnst, denn dann ist dein Geist empfänglicher für die Botschaft und wird dich nicht so schnell mit Zweifeln überhäufen.

Denke immer daran, dass du das Universum nicht zwingen kannst, Antworten zu geben, bevor die Zeit reif ist. Diese Handlungen sind dazu gedacht, deine Schwingung aufzuladen, dich in einen Zustand zu versetzen, in dem deine Schwingung so ist, dass das Universum mit Leichtigkeit antwortet. Wenn du im empfänglichen Modus bist, wird das Universum ermutigt, dich zu belohnen, und deine Manifestationen werden schneller, kraftvoller und frei fließend sein.

Zusammenfassung

In diesem Kapitel haben wir uns damit beschäftigt:

- Die Schritte zur Manifestation deiner Wünsche

- Wie du Engelszahlen in deine Manifestationsreise einbeziehst

- Engelszahl-Rituale, um deine Schwingung für eine schnellere Manifestation aufzuladen

KAPITEL 9

Manifestieren mit bestimmten Zahlen

"Wenn du nach dem Gedanken greifst, der sich besser anfühlt,
reagiert das Universum aufgrund dieser Anstrengung jetzt
anders auf dich. Und so werden auch die Dinge, die auf dich
folgen, besser und besser."

~ Abraham Hicks

Die Anwendung von Skripttechniken zur Manifestation ist eine phänomenale Möglichkeit, deine Schwingung zu erhöhen und deine Absicht zu fokussieren, wenn du dich in einer schwierigen Situation befindest. Skripting-Techniken variieren in Intensität und Zeit, aber es gibt ein paar Dinge, die du beachten solltest, bevor du anfängst:

- **Deine Gemütsverfassung:** Wenn du frustriert, ängstlich oder verzweifelt auf eine Antwort wartest, wird das Skripting keine große Hilfe sein. Skripting-Techniken bauen auf deiner Schwingungsenergie auf, und wenn du nicht ruhig und entspannt bist, baust du nur auf der erratischen Schwingung auf, die du bereits angehäuft hast. Bevor du dich also hinsetzt und mit dem Schreiben beginnst, vergewissere dich, dass du ruhig und entspannt bist und keine Zweifel in deinem Kopf herumschwirren.

- **Ort:** Ein ruhiger Raum, in dem du etwa eine halbe bis eine Stunde lang ungestört bist, ist empfehlenswert, denn das Schreiben von Skripten erfordert ununterbrochene Konzentration. Du brauchst außerdem einen bequemen Sitz und einen Schreibtisch mit ausreichender Beleuchtung. Der Raum sollte allerdings nicht zu hell sein, da du während des Skriptings in eine meditative Trance verfällst, was bei grellem Licht fast unmöglich ist.

- **Zeit:** Wähle eine Zeit, in der du keine Verpflichtungen hast, die deine Aufmerksamkeit erfordern. Die Skripterstellung sollte ohne Unterbrechung erfolgen, d. h. du musst in der Lage sein, die elektronischen Geräte auszuschalten und dich eine halbe Stunde oder länger auf das Blatt vor dir zu konzentrieren. Wähle außerdem eine Zeit, in der du entspannt und ruhig, aber immer noch wach bist, so dass deine Schwingung durch die Affirmation auf deiner Seite leicht angehoben werden kann.

- **Werkzeuge:** Ein leeres Blatt und ein Stift sind alles, was du für das Skripting brauchst, obwohl ich empfehlen würde, ein Manifestationstagebuch für diesen Zweck zu haben, weil diese Praxis etwas sein wird, dem du immer wieder frönst.

Das Skripting für die Manifestation konzentriert sich jeweils auf einen Wunsch, und du kannst die von dir gewählte Affirmation nicht ändern, da dies die Schwingungsenergie deiner festgelegten Absicht unterbrechen würde. Was ist es, das du manifestieren möchtest? Wenn du deinen Wunsch hast, erstelle eine kurze, prägnante und positive Affirmation, die deinen Wunsch *so* ausdrückt, *als ob* er bereits in Erfüllung gegangen wäre.

Lass uns ein paar Skripttechniken untersuchen, um zu zeigen, was ich meine.

222 Skripting-Technik

Die 222-Skripttechnik, auch bekannt als 22x2-Manifestationsmethode, ist eine zweitägige Manifestationspraxis, die deine Schwingung erhöht, wenn du möchtest, dass sich deine Manifestation ein wenig schneller entfaltet. Mit dieser Methode wird deine Absicht aufgrund der Wiederholung laserfokussiert sein, was sich für manche ein bisschen zu viel anfühlen kann. Die Praxis ist ziemlich einfach - alles, was du tun musst, ist, deine Affirmation/gewünschte

Manifestation 22 Mal an zwei aufeinanderfolgenden Tagen aufzuschreiben.

Denke daran, dass die Affirmation positiv, kurz, prägnant und **als ob** sein sollte. Wenn du zum Beispiel selbstbewusster sein willst, kann deine Affirmation lauten: "Ich stehe für mich, meine Überzeugungen und Grenzen ein, ohne Reue." Oder, wenn du dich von einschränkenden Gedanken und Verhaltensweisen lösen willst, kannst du schreiben: "Ich bin frei von den Gedanken und Verhaltensweisen, die mich zurückhalten."

Sobald du deine Affirmation hast, schreiben sie 22 Mal in dein Tagebuch. Während du schreibst, gehe nicht gedankenlos die Bewegungen durch, nur um fertig zu werden. Konzentriere dich stattdessen auf das Gefühl, was deine Manifestation in dir auslösen wird. Spüre den Triumph, für sich selbst einzustehen, und die Freude, wenn dein Geist akzeptiert, dass du zu so viel mehr fähig bist. Sehe dich selbst in dieser Situation, wie du deine Zweifel und Ängste besiegen und triumphierend aus der Situation herauskommst. Während du jede Zeile schreibst, genieße das Gefühl, dass deine Manifestation zum Leben erwacht. Wenn du tiefer in das Gefühl hineingezogen wirst, kannst du in eine meditative Trance verfallen und mit dem Schreiben aufhören. Zwinge dich nicht, wieder damit anzufangen. Genieße das Gefühl, bis du langsam in die Gegenwart zurückkehrst, und schreibe weiter, bis du fertig bist.

Am zweiten Tag mach dasselbe. Schreibe deine Affirmation auf und gebe dich dem Gefühl deiner manifestierten Realität hin. Dies ist die perfekte Technik für die Zeiten, in denen du nicht so viel Zeit für das Schreiben von Skripten hast, aber einen Schwingungsschub brauchst.

444 Skripting-Technik

Die 444-Skripttechnik, auch bekannt als die 44x4-Manifestationsmethode, ist eine intensivere Skripttechnik, die sich über vier Tage erstreckt. Die Grundvoraussetzung, die in der 222-Skripttechnik besprochen wurde, gilt auch hier, und der einzige Unterschied ist die Anzahl der Zeilen und Tage. Schreibe jeden Tag, vier Tage lang, deine Affirmation 44 Mal auf.

555 Skripting-Technik

Nach den beiden vorangegangenen Techniken kannst du dir denken, was als Nächstes kommt. Wie du wahrscheinlich schon erraten hast, handelt es sich um eine fünftägige Skripting-Technik, bei der du deine Affirmation 55 Mal am Tag schreibst. Die erhöhte Häufigkeit und der Zeitaufwand sind wichtig, weil die Intensität deiner Schwingung von der Zeit beeinflusst wird, die du der Übung widmest.

Sieh es doch einmal so: In zwei Tagen kannst du nur den Schwung einer bereits hohen Schwingung erhöhen, sonst bringt dir die Übung nichts. Zwei Tage sind ausreichend für eine Manifestation, die sich bereits entfaltet hat, und alles, was du gebraucht hast, war ein kleiner Schubs, um deine Schwingung noch weiter anzuheben und deine Ausrichtung zu verstärken. Eine fünftägige Praxis hingegen kann helfen, sich zu fokussieren und deine niedrige Schwingung anzuheben. Fünf Tage reichen aus, um dir zu helfen, deine Zweifel zu überwinden, deine Schwingung zu erhöhen und dein Vertrauen in das Universum zu festigen. Auch deine Affirmationen sind intensiv, und die Zeit, die du brauchst, um sie aufzuschreiben, ist länger, so dass du tiefer in das Gefühl der Manifestation eintauchen kannst. Diese Technik erfordert Hingabe, Vertrauen in das Universum und unerschütterliches Vertrauen in deine eigene Fähigkeit, die Praxis durchzuhalten.

777 Skripting-Methode

Dies ist meine Lieblingsmethode, vor allem, weil sie die Engelszahl einbezieht, die mit Hoffnung, spiritueller Erleuchtung und Selbstbeobachtung verbunden ist. Sieben Tage lang 77 Mal eine Affirmation zu schreiben, ist kein leichtes Unterfangen, und ich habe Monate gebraucht, bis ich die Übung bis zum Ende durchziehen konnte, ohne mindestens einmal zu versagen. Die 777-Skript-Methode hat sich als nützlich erwiesen, wenn meine Schwingung nicht in Ordnung war, und ich habe sie immer benutzt, wenn ich göttliche Hilfe auf meiner spirituellen Reise brauchte.

Wenn du neu in der Skripterstellung bist, würde ich dir nicht raten, damit anzufangen, weil es so viel Hingabe erfordert. Fange klein an, mit der 222- oder 333-Scripting-Methode, und baue von dort aus auf.

369 Skripting-Technik

Diese Skripttechnik ist eine weitere, die ich gerne praktiziere, weil sie so viel Hingabe erfordert und langfristige Veränderungen in meiner Schwingungsausrichtung bewirkt. Trotz der langen Zeitspanne ist diese Skriptmethode immer noch dazu gedacht, eine Manifestation ins Leben zu rufen. Die 369-Skriptmethode ist perfekt für größere Manifestationen, die Wünsche, die eine massive Veränderung in deinem Leben bewirken sollen, innerlich und äußerlich. Ich verwende die 369-Methode, wenn ich versuche, eine neue Gewohnheit oder eine Lebensstiländerung anzunehmen.

Die 369-Methode ist eine dreimal tägliche Übung, bei der du deine Affirmation dreimal am Morgen, vorzugsweise nach dem Aufwachen, sechsmal im Laufe des Tages und neunmal am

Abend, kurz bevor du zu Bett gehst, schreibst. Die Kraft dieser Methode liegt darin, wie deine Schwingung im Laufe des Tages aufgeladen wird. Wenn du aufwachst und deine Affirmationen schreibst, beginnt dein Tag mit der Schwingungsausrichtung deines Wunsches. Im Laufe des Tages kann deine Schwingung durch deine Erfahrungen verzerrt werden. Aber diese Unterbrechung greift nicht, denn im Laufe des Tages wird deine Schwingung mit der Affirmation, die du aufschreibst, wieder aufgeladen. Vor dem Schlafengehen ist deine Affirmation das letzte, was dir durch den Kopf geht und dein Unterbewusstsein die ganze Nacht über auflädt. Wenn wir schlafen, werden unsere Überzeugungen in unser Unterbewusstsein geschrieben, und wenn deine Affirmation in deinem Unterbewusstsein Wurzeln schlägt, ist es wahrscheinlicher, dass du deine einschränkenden Überzeugungen umschreibst und sie durch die Kraft Ihrer Affirmation ersetzt.

Die 369-Skript-Methode wird mindestens 33 Tage und bis zu 45 Tage lang praktiziert, aber wenn sich dein Wunsch vor Ablauf der Zeit manifestiert, kannst du die Praxis mit einer Dankbarkeitsmeditation abschließen. Bei vielen Menschen tritt die Manifestation um den 21. Tag herum ein. Das bedeutet jedoch nicht, dass du aufgeben solltest, wenn du deine Manifestation bis dahin nicht erhalten hast. Wie bei allem, was mit Manifestation zu tun hat, ist Geduld der Schlüssel. Das Universum arbeitet zu seiner Zeit, und das ist immer die richtige Zeit.

Es gibt noch weitere Skripttechniken, die du anwenden kannst, vor allem, wenn du eine Engelszahl hast, die du gerne in deiner physischen Realität manifestieren würdest. Als ich einen emotionalen Durchbruch brauchte, habe ich die 99x9-Methode ausprobiert, die mir geholfen hat, die Blockaden zu durchbrechen, die meine emotionalen Äußerungen behindert haben. Du kannst auch die spezifischen Engelszahlen verwenden, die du brauchst, um eine bestimmte Realität zu manifestieren. Wenn du zum Beispiel eine Veränderung in deinem Leben brauchst, ist 11x11 in Verbindung mit einer Affirmation, die eine Veränderung fordert, eine gute Möglichkeit, deine Schwingung auf einen neuen Weg auszurichten. Du kannst auch eine Mut-Affirmation mit der 11x11-Skriptmethode verwenden, um deine Angst vor dem Unbekannten zu überwinden. Die Möglichkeiten sind endlos, also vertraue auf deine Intuition und die göttliche Führung, die dir den Weg zeigen.

Zum Abschluss dieses Kapitels möchte ich noch ein paar Rituale erwähnen, die du in deine Skripting-Zeit einbauen kannst, um die Kraft deiner Affirmationen und deine Schwingungsausrichtung zu verstärken. Du bist nicht verpflichtet, dich diesen Aktivitäten hinzugeben, aber wenn sie dir interessant erscheinen, zögere nicht, sie auszuprobieren.

Skripting und Mondmagie

Der Mondzyklus ist aufgrund der Symbolik jeder Mondphase

ein großartiges Manifestationswerkzeug. Wenn dein Wunsch nicht dringend ist und du ein paar Tage Geduld hast - je nach der aktuellen Mondphase - kannst du die Energie des Mondes in deine Manifestationsreise einbeziehen. Der Neumond, wenn die Yang-Energie der Sonne und die Yin-Energie des Mondes perfekt aufeinander abgestimmt sind, ist ein Symbol für den Neubeginn. Aus diesem Grund ist der Neumond ein perfekter Zeitpunkt, um deine Manifestationsreise zu beginnen. Indem du dein Skripting, egal welche Technik du wählst, bei Neumond beginnst, zapfst du auch die Kraft des Mondes an und erlaubst seiner Energie, deine Absichten zu unterstützen. Während sich die zunehmenden Mondphasen entfalten, konzentriere dich auf deine Absichten und verleihe ihnen durch Visualisierung, Affirmationen (wenn du dein Skript geschrieben hast), inspirierte Handlungen und Dankbarkeitsmeditation mehr Kraft.

Der Vollmond markiert den Beginn der abnehmenden Phasen, die perfekte Zeit, um über dein gesetztes Ziel nachzudenken, es zu fokussieren und zu sehen, wie weit du gekommen bist. Dann solltest du darüber nachdenken, was dich zurückhält und was deiner Manifestation im Wege steht. Das Erscheinen des Vollmonds markiert die perfekte Zeit für Klärung und Reinigung, und dies ist die Zeit, um loszulassen, was dich zurückhält. Während sich die abnehmenden Phasen entfalten, tauche tief in dich selbst ein. Schaue in dich hinein und reflektiere, um zu verstehen, wo du bist, wer du bist und welche

Glaubenssätze dich an der Manifestation hindern. Verbinde dich mit deiner göttlichen Intuition, und lasse dich von ihr leiten. Mit dem Erscheinen der zunehmenden Mondsichel kannst du über deine Wünsche, Lektionen und Absichten nachdenken. Überprüfe die Veränderungen, die sich im Laufe des Mondzyklus vollzogen haben. Hat sich dein Wunsch manifestiert? Selbst wenn die Antwort auf diese Frage "nein" lautet, gibt es immer noch Aspekte des Wunsches, die in Erfüllung gegangen sind. Gebe nicht auf. Beginne stattdessen mit deiner Manifestation, wenn der Neumond erscheint. Du gehst von einer Position des Überflusses aus, nicht des Mangels, und jedes Mal, wenn du deine Absicht auflädst, wächst deine Schwingung.

Skripting und Kerzenmagie

Feuer ist ein starkes Element, und eine Kerze während des Schreibens ist eine gute Möglichkeit, den Fokus wiederzufinden, wenn die Gedanken von der Seite abschweifen. Du glaubst vielleicht, dass du die gleichen Zeilen immer wieder schreiben kannst, ohne den Fokus zu verlieren, aber die Realität sieht etwas anders aus. Egal, wie gut wir uns konzentrieren können, die monotone Natur des Schreibens bedeutet, dass unsere Gedanken zwangsläufig abschweifen, selbst wenn wir die Aufgabe erledigen. Ich habe normalerweise ein Problem damit, meine Gedanken zu zügeln, wenn sie abdriften, also habe ich eine Kerze zum Skripting-Ritual hinzugefügt. Immer wenn ich mich dabei erwische, dass ich abdrifte, starre ich ein paar Augenblicke in die Flamme und schreibe langsamer, um sicherzustellen, dass mein Verstand die Worte auf dem Papier liest. Normalerweise kaufe ich farbige Teelichtkerzen.

Bei meinem Kerzenritual geht es nicht nur um die Kraft der Flamme, sondern auch um die symbolische Kraft der Farbe. Je nach meiner Absicht zünde ich eine andere Farbe an, und manchmal brenne ich zwei Farben an, normalerweise weiß und eine zweite Farbe. Für mich ist weiß das Symbol für die Reinheit meines Geistes und die Klarheit meiner Absicht, ganz gleich, was es ist. Ich benutze auch eine weiße Kerze, wenn ich meditiere, da sie mich an mein höchstes Ziel erinnert - Klarheit auf meiner körperlichen, emotionalen, psychologischen und spirituellen Reise. Indem du die Farbe der Kerze in dein Skripting einbeziehst, verstärkst du deine Absicht und fügst die Kraft der Farbe deiner Schwingung hinzu. Zum Beispiel ist das Anzünden einer grünen Kerze für eine Absicht der Fülle eine hervorragende Wahl, weil Grün mit Fülle assoziiert wird. Rosa wird mit Liebe assoziiert, sowohl mit romantischer als auch mit platonischer Liebe. Denke jedoch daran, dass Rosa für die stabile Art der Liebe steht. Rot hingegen ist die Farbe der Leidenschaft und der Lust. Du kannst sowohl rosa als auch rote Kerzen anzünden, wenn du die Leidenschaft in deiner Beziehung wieder entfachen willst.

Lass uns ein paar Kerzenfarben und ihre Bedeutungen

erkunden;

- **Weiß**: Gelassenheit, Reinheit, Frieden, persönliche Stärke.

- **Schwarz**: Schutz, insbesondere psychischer Art.

- **Grün**: Wohlstand, Reichtum, finanzieller Erfolg.

- **Blau**: Harmonie, Ruhe, emotionaler Frieden, Gelassenheit.

- **Gelb**: Kommunikation, Konzentration, Wissen, Intellekt.

- **Rot**: Leidenschaft, Lust, Sex, Vitalität, Kraft, explosive Energie.

- **Rosa**: Romantik, Freude, Zuneigung, Selbstliebe, Freundschaft, Mitgefühl, Wärme, Glaube.

- **Lila**: Weisheit, geistige Erleuchtung, spirituelles Bewusstsein.

- **Orange**: Kreativität, Ehrgeiz, vibrierende Energie.

- **Braun**: Fruchtbarkeit, Wachstum, Komfort, Stabilität, Ressourcen.

- **Silber/Grau**: Göttin (Yin)-Energie, Neutralität, Verbannung negativer Energie, Stabilität.

- **Gold:** hohe Schwingung, Reichtum, großes Glück.

Skripting und Farbmagie

Die Einbeziehung von Farben in dein Skripting ist eine unterhaltsame Art, deine Schwingungsausrichtung zu erhöhen, und es gibt unzählige Möglichkeiten, wie du das tun kannst. Du kannst einen Stift mit einer Farbe verwenden, die deiner Absicht entspricht, oder du kannst Kleidung tragen, die zu der gewünschten Absicht passt. Sogar etwas so Kleines wie ein Accessoire kann die Schwingung verstärken, also hab Spaß daran.

Wir haben bereits die Farben und ihre Interpretationen erforscht, also fühle dich frei, die gleichen Interpretationen zu verwenden, um deine Wahl zu lenken. Um deine Absicht zu fokussieren und den Gegenstand als Manifestationsbegleiter zu identifizieren, lade ihn auf, indem du ihn segnest, bevor du mit dem Skripting beginnst. Auf diese Weise widmest du die Kraft der Farbe für deine Manifestation.

Manifestieren ist ein unterhaltsamer und einnehmender Prozess, der deine Hingabe und deinen Glauben an das Universum erfordert. Wenn du der Praxis mehr Glanz verleihen kannst, um deine Schwingung zu erhöhen, ist das willkommen. Der Prozess der gemeinsamen Schöpfung mit dem Universum soll eine erfüllende Erfahrung sein. Durch das Hinzufügen von Engelszahl-Manifestationen und anderen ergänzenden Ritualen bereitest du dich darauf vor, das Beste aus deiner Erfahrung zu machen. Wenn du den Ritualen skeptisch gegenüberstehst, solltest du dich nicht dazu zwingen, denn das wäre kontraproduktiv für deine Manifestation. Das Ziel ist es, deine Schwingungsausrichtung zu erhöhen, nicht sie zu verzerren.

Zusammenfassung

In diesem Kapitel haben wir uns damit beschäftigt:

- Vorbereitung auf die Skripterstellung

- Skripting-Techniken - 222, 444, 555, 777 und 369 Manifestationsmethoden

- Ergänzende Skripting-Rituale - Mondmagie, Kerzenmagie und Farbmagie

Schlussfolgerung

Seit dem Beginn dieses Buches haben wir einen langen Weg zurückgelegt und die Welt der Engelszahlen von ihren Wurzeln in der Numerologie bis zu ihrer modernen Anwendung erforscht. Engelszahlen sind eine wunderbare Manifestationserfahrung, denn sie sind das Zeichen, auf das du gewartet hast. Manifestation ist eine Reise, die selten geradlinig verläuft, und es ist leicht, das Gefühl zu haben, dass sich nichts tut. Das Gesetz der Anziehung fordert Geduld bei der Manifestation, aber wir sind Menschen, und Geduld kann manchmal schwer zu verkörpern sein, vor allem, wenn wir mit ungeahnten Herausforderungen konfrontiert werden, während wir unsere Wünsche verfolgen. Die Engelzahlen machen diese Reise etwas weniger einsam, denn sie geben uns etwas, auf das wir uns freuen können.

Wenn Engelszahlen erscheinen, werden wir durch die Gegenwart der göttlichen Quelle getröstet. Wir werden daran erinnert, dass wir nicht allein sind und es nie sein werden, auch wenn wir versucht sein mögen, das zu vergessen. Die Engelzahlen zeigen uns den Weg zu unserem wahren Selbst durch unsere Schicksals- und Lebenswegzahlen. Wir werden dazu angehalten, nach Authentizität zu streben, uns so anzunehmen, wie wir sind, wenn wir das Leben leben wollen, das wir uns wünschen, das Leben, zu dem wir berufen sind. Selbst wenn wir die Engelszahlen nicht sehen, helfen sie uns, uns durch unsere Ausrichtungspraktiken mit der göttlichen Quelle zu verbinden. Die Deutung von Engelszahlen verbindet uns ebenfalls mit der göttlichen Quelle, indem sie uns in uns selbst hineinzieht, um die Botschaften herauszufinden, die wir empfangen.

Die Magie der Engelszahlen liegt in der Art und Weise, wie sie jeden Aspekt unserer Manifestationsreise ergänzen, indem sie uns Führung bieten, uns zur Ausrichtung drängen, unsere Absichten fokussieren und uns auf unsere manifestierten Wünsche aufmerksam machen. Wenn du dich also auf deine Reise durch die Phasen der Manifestation begibst, stütze dich auf deine Schutzengel und rufe sie durch die Engelszahlen um Hilfe. Auf diese Weise wirst du dich an der göttlichen Verbindung zwischen dir und dem Universum auf deiner Manifestationsreise erfreuen.

Danksagung

"Glück entsteht, wenn man Gutes tut und anderen hilft."

- Platon

Diejenigen, die anderen helfen, ohne eine Gegenleistung zu erwarten, erfahren mehr Erfüllung, haben mehr Erfolg und leben länger.

Ich möchte dir die Möglichkeit geben, dies während dieses Leseerlebnisses zu tun. Dazu habe ich eine ganz einfache Frage... Würdest du jemandem, den du nicht kennst, helfen, wenn es dich kein Geld kostet, auch wenn du dafür keine Anerkennung bekommst? Wenn ja, dann möchte ich dich um einen Gefallen für jemanden bitten, den du nicht kennst und wahrscheinlich auch nie kennen wirst. Sie sind genau wie du und ich, oder vielleicht wie du vor ein paar Jahren... Weniger erfahren, erfüllt von dem Wunsch, der Welt zu helfen, auf der Suche nach guten Informationen, aber nicht sicher, wo sie zu finden sind... hier kannst du helfen. Der einzige Weg für uns bei Dreamlifepress, unsere Mission zu erfüllen, Menschen auf ihrer spirituellen Wachstumsreise zu helfen, ist, sie zuerst zu erreichen. Und die meisten Menschen beurteilen ein Buch nach seinen Rezensionen. Wenn du also dieses Buch als hilfreich empfunden hast, würdest du dir bitte einen kurzen Moment Zeit nehmen, um eine ehrliche Rezension über das Buch zu hinterlassen? Es wird dich nichts kosten und weniger als 60 Sekunden dauern. Deine Rezension wird einem Fremden helfen, dieses Buch zu finden und davon zu profitieren.

Eine weitere Person findet Frieden und Glück... eine weitere Person findet vielleicht ihre Leidenschaft im Leben... eine weitere Person erlebt eine Transformation, die sonst nie stattgefunden hätte... Um das wahr werden zu lassen, musst du nur eine Rezension hinterlassen. Wenn du auf Audible bist, klicke auf die drei Punkte oben rechts auf deinem Bildschirm, bewerte und rezensiere. Wenn du auf einem E-Reader oder Kindle liest, scrolle einfach zum Ende des Buches und wische dann nach oben, um eine Bewertung abzugeben. Wenn das nicht funktioniert, kannst du die Buchseite auf Amazon oder in dem Geschäft, in dem du das Buch gekauft hast, aufrufen und dort eine Bewertung abgeben.

PS - Wenn du dich gut dabei fühlst, einer unbekannten Person zu helfen, bist du mein Typ Mensch. Ich freue mich darauf, dir auf deiner spirituellen Wachstumsreise weiter zu helfen.

PPS - Ein kleiner Life-Hack - wenn du jemandem etwas Wertvolles vorstellst, assoziiert er diesen Wert natürlich mit dir.

Wenn du denkst, dass dieses Buch für jemanden, den du kennst, von Nutzen sein kann, dann schicke ihm dieses Buch und schaffe Vertrauen. Ich danke dir von ganzem Herzen.

Dein größter Fan - **Layla**